经济管理国家级实验教学示范中心（嘉兴学院）

经管类专业系列实验教学指导书

U0648947

工商管理专业实验（实训）指导书

◉ 王卫彬 主编　　◉ 唐 雯　林益忠　冯磊东 副主编

东北财经大学出版社　　大连
Dongbei University of Finance & Economics Press

图书在版编目（CIP）数据

工商管理专业实验（实训）指导书 / 王卫彬主编. —大连：东北财经大学出版社，2021.4

（经管类专业系列实验教学指导书）

ISBN 978-7-5654-4170-7

Ⅰ．工… Ⅱ．王… Ⅲ．工商行政管理–高等学校–教学参考资料 Ⅳ．F203.9

中国版本图书馆 CIP 数据核字（2021）第 058942 号

东北财经大学出版社出版

（大连市黑石礁尖山街 217 号　邮政编码　116025）

网　　址：http://www.dufep.cn

读者信箱：dufep@dufe.edu.cn

大连东泰彩印技术开发有限公司印刷　东北财经大学出版社发行

幅面尺寸：185mm×260mm　　字数：131千字　　印张：6　　插页：1

2021年4月第1版　　　　　　　　2021年4月第1次印刷

责任编辑：王　莹　孔利利　　　　　责任校对：晓　华

封面设计：原　皓　　　　　　　　　版式设计：原　皓

定价：32.00元

教学支持　售后服务　　联系电话：（0411）84710309

版权所有　侵权必究　　举报电话：（0411）84710523

如有印装质量问题，请联系营销部：（0411）84710711

前言

  本书是为了满足工商管理专业实验实训教学的需要，为综合工商管理专业相关的实验软件和实训课程编写而成的工商管理专业实验（实训）指导书。工商管理专业要学习的内容比较多，主要包括：企业经营、生产与运作管理、管理案例分析、创业管理、管理统计软件、公司治理、供应链与物流管理、质量管理、管理沟通等。本书内容基本囊括了工商管理专业需要开设的实验实训课。

  作为一本实验教材，本实验（实训）指导书在编写过程中既注重学生实践能力的培养，又注重理论知识的应用。在内容安排上，紧紧围绕实验教学的需要，充分考虑学生在实验过程中所需掌握的各项知识和技能，强调通过实践来加以深化和运用。涉及软件的实验实训部分，本书比较详细地介绍了软件使用过程，一些内容来源于软件使用说明书，学生还可结合软件使用说明书来进一步学习；不涉及软件的实验实训部分，本书偏重过程的介绍，学生则需要在教师的指导下进行实验实训。为便于学生学习，掌握中、英文版本软件，本书相关内容使用中文和英文进行讲解。

  本书由王卫彬任主编，唐雯、林益忠、冯磊东任副主编。具体编写分工如下：第一、二、三、四、五、九章由王卫彬编写；第六章由唐雯编写；第七章由林益忠和王卫彬编写；第八章由冯磊东编写。王卫彬负责对全书进行总纂。

  由于编写工作量较大，书中难免存在不当之处，今后我们将继续完善。

编者

2021 年 1 月

目录

第一章

企业经营模拟实验

本实验以 CESIM 软件为实验平台，CESIM 国际化综合管理模拟软件平台是由芬兰 CESIM 公司研发的模拟教学软件，是模拟企业经营而设计的在线模拟课程，它让参与者领略并理解在多变而且竞争激烈的市场环境中，公司全球运营的复杂性。其主要学习范围：以技术为基础的产品研发和上市路径、国际化市场战略和生产策略，以及各种与学科相关的知识：经济、政治、财务、人力资源、会计、采购、生产、物流、研发与创新和营销等。

本实验将帮助参与者模拟实战情景，体会不同的想法创意是否具有行业适应性；同时在模拟过程中学会解决预测、营销、人力资源、成本与财务、投资管理等诸多在现实中都会遇到的问题。理解市场导向型的技术投入，以营利为目标的营销组合，以资本结构为核心的财务风险控制。从而有助于加深学生对创业企业运营的深度理解，学会预估企业发展前景；由易到难管理企业，在变化的环境中权衡决策。

实验一　CESIM 模拟软件介绍

一、实验目的

介绍实验相关的企业经营的理论知识，软件的界面及相关菜单介绍，并在此基础上讲解公司经营决策的依据，进而通过实验掌握软件的使用和规则。

二、实验要求

按指导书打开相应页面进行操作，并输入数据进行初步体验，熟悉软件平台界面。

三、实验步骤

1.模拟软件平台首页介绍

首页包括用户信息、邮件功能，如图 1-1 所示。在顶部你可以看到上个回合的重要指标。在它下面，你可以找到关于回合截止时间的信息，论坛的消息以及测验的信息。"小组决策日志"你可以在这里看到小组成员的决策保存情况。请留意该面板底部的"显示所有回合"和"更多"按钮。在默认条件下，你只能看到当前回合的最近的决策保存情况。使用这两个按钮可以让你将面板扩展到显示所有回合以及每一回合的每一次的决策保存。

2.决策列表介绍

CESIM 模拟提供给用户一个创新型的决策制定区域，在这里小组成员可以很好地控制整个决策制定的流程，如图 1-2 所示。决策列表分为两个部分：每个学生自己的个人决策区域和小组决策区域。请注意，每回合到了截止时间以后，回合的结果只会根据小组决策区域的决策来计算。在每回合游戏的进行过程中，你可以在决策列表找到已修改决策的高亮的单元格。

图1-1　首页页面

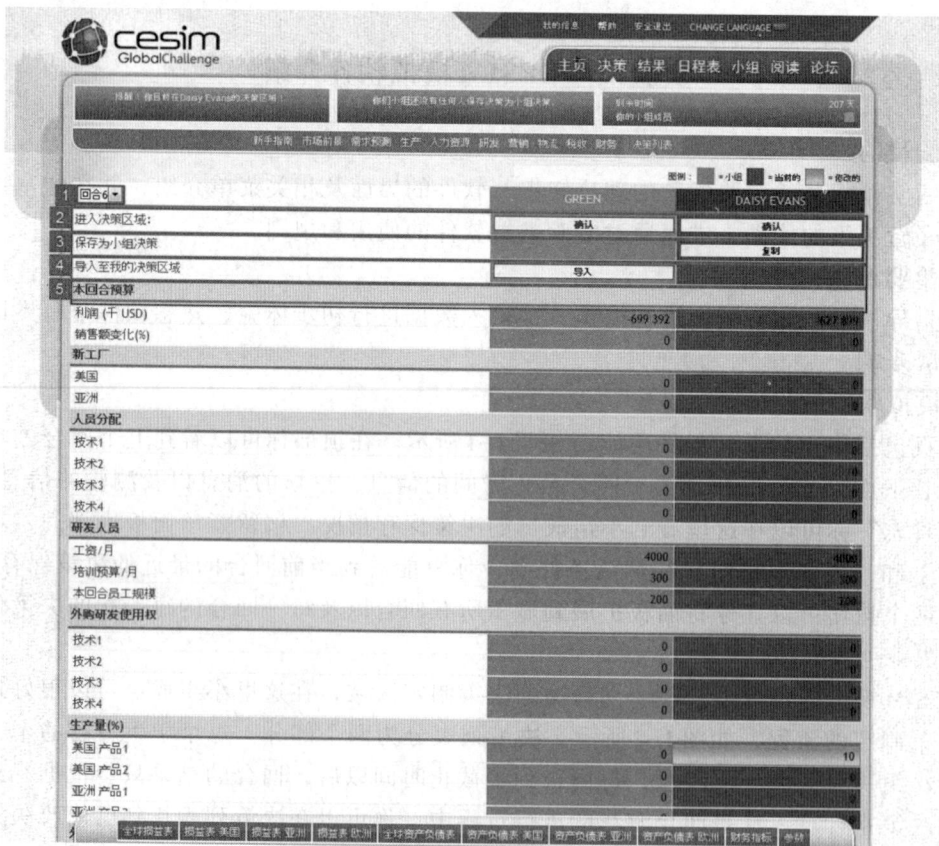

图1-2　决策列表

以下是几个决策列表中提供的决策制定流程管理的工具。

回合选择下拉列表：使用下拉列表选择你想要查看的回合。你可以通过选择先前的回合来查看之前各回合的决策，尽管你已经不能修改它们。

"确认"按钮允许用户进入其他小组成员的决策区域或者进入团队决策的区域。请注意，所做的修改将会被保存在你进入的决策区域。任何直接在小组决策区域修改的决策将在回合结束后直接作为最终决策参与结果的计算。

"复制"按钮会将一个小组成员的决策复制为小组决策。一旦复制成功，以前的小组决策将不能找回。在回合结束前，你可以任意将个人决策复制到小组决策。请注意，如果直接在小组决策区域做决策，则不需要任何额外的步骤，决策将直接参与回合结束后的结果计算。

"导入"按钮可以将小组或者其他组员的决策导入到自己的决策区域。一旦导入，你原先的决策将不能恢复。被导入的组员的决策将不会有任何变化。

本回合预算显示了根据当前决策的预计利润以及与前一个可比较回合相比的"销售额变化（%）"。

3.决策区域介绍

决策区域被分为若干个基于不同分类的主题（比如需求、生产等）。请根据决策制定指南来决定从哪里开始你的决策以及制定决策的顺序。一些区域需要先填写，因为它们会影响到一些计算以及预计值。实际的决策需输入到各自的指定区域。一般而言有三种类型的决策区域：

第一，在白色的单元格里，你可以输入自己的决策。高亮的单元格里，你可以估计你的销售、员工流失率等。这些估计值将会作为系统给出的预算的基础。

第二，下拉列表被用作一些需要具体选项的特定的决策。当你做出决策时，系统会自动更新预算。请注意游戏中的两个决策制定区域，这很重要。第一个是学生的个人决策制定区域。每个小组成员都有自己的决策制定区域，他们可以任意修改自己的决策并查看预算结果。每个学生登录后会默认进入自己的决策区域。在个人决策区域做出满意的决策后，可以通过"复制"按钮把决策复制到第二个决策区域类型——小组决策区域中。一旦复制成功，这一系列决策将会被用来计算回合的结果。

第三，决策可以直接在小组决策区域制定。一个小组成员可以在决策列表里通过"确认"按钮进入小组决策区域。任何决策的修改都会被自动保存，如果没有修改，将会被用到之后的回合结果计算中。请注意如果一个小组成员的决策被保存并覆盖了之前直接在小组区域做出的决策，那么这些决策将不能恢复，除非在复制之前有其他的小组成员将小组决策导入个人区域。

一旦回合结束，游戏将根据小组决策区域里的决策自动开始计算本回合的结果。如果决策没有直接在小组区域做出，那么在回合结束前请再次确认个人决策被保存为小组决策。

4.结果区域介绍

正如前面所提到的，回合结果在回合结束后会立刻根据小组决策计算得出。结果界面如图1-3所示。软件允许你在任何时间通过选择结果页的下拉列表查看过往回合的结果，包括练习回合。同时你还可以使用一些特殊的功能，比如可下载的EXCEL版本的回合结果以及一些重要指标的幻灯片。

图1-3　结果界面

团队选择下拉列表可以让你选择当前课程中的任何团队。

回合选择下拉列表可以用来选择你想要查看的回合结果。

使用"下载"按钮来下载一个在EXCEL文档中的所选回合结果。

使用"幻灯片"按钮来查看当前回合一些重要指标的幻灯片。

5.回合及小组页面介绍

日程表：在日程表页面，你可以看到一个课程的回合列表，其中包含了每一回合的截止时间。为了避免用户的电脑和系统时间不符，这个页面把你的时间和课程设置的系统时间都显示了出来。

练习回合：模拟游戏通常在开始阶段会有练习回合。请注意练习回合的结果对之后实际回合的结果并没有任何影响，而仅仅是用作熟悉游戏和练习预测结果。一旦练习回合结束，游戏将会重新被设置回初始的市场情况。

小组区域：在小组区域，你可以看到课程中所有团队所有小组的成员信息。你可以编辑小组信息，例如小组名称，口号以及小组介绍。当其他小组未满员且现在处于第一个回合（如有练习回合，则是第一个练习回合）截止时间之前时，在"小组区域"页面未满员的小组名字下会出现"加入小组"按钮。你可以点击该按钮以加入到相应小组。在第一个回合结束后，如果你还想调到其他小组，请向你的指导老师申请，此时只有她/他有权限进行组员调配。

阅读材料：这一个页面里包括了所有理解和享受模拟游戏所需的资料。一般而言阅读材料里包括了决策制定指南和案例描述。指导教师也可以上传与自定义案例相关的材料到此页面。

论坛：论坛是一个当你无法与指导教师和同学面对面交流时的一个绝佳的交流途径。比起使用电子邮件，使用论坛的好处在于每一个人都可以看到论坛里的讨论内容并提出自己的见解。论坛分为小组论坛和课程论坛。从名字就可以看出，小组论坛里只有同小组的成员可以看到发出的帖子并进行回复，而课程论坛则是对所有人都开放的，无论你在哪个团队或小组。指导教师可以阅读并回复所有论坛里的帖子。由于课堂论坛里的帖子所有人可见，在其中提问可以使所有人受益并减少老师一对一答复产生的工作量，因此，小组论坛是发表各成员的非公开想法、记录小组内部决定的理想场所，组员在此可以随时随地查阅之前的信息记录以帮助决策。

6.决策制定的流程及依据

了解主要目标和获胜条件。本模拟的目标是实现累计股东回报率最大化，其影响因子包括股价、公司支付给股东的股利以及股利带来的利息收入。累计股东回报率是一个年化百分比。请注意，发放股利意味着以后你能用来创造利润的资本更少，但是也意味着股利能在模拟结束时为股东产生更多利息。

决策制定流程：由于本模拟涉及很多领域，团队合作对于取得更好的模拟结果至关重要。过往经验告诉我们，当那些模拟结束时，领先的常常是那些组员分工明确的小组。每回合，请指定一名小组成员担任CEO的角色，负责协调小组成员之间的工作并提交小组最终决策。各小组成员可在模拟中轮流扮演CEO的角色。请注意每个回合的截止日期。在截止日期前，每个小组成员都可以独立制定自己的决策，并将决策保存在自己的账号下。但在截止日期之前，你们需要协调出一份统一的决策，并将其保存为小组决策。

参考"决策列表"，修改并确定最后的小组决策（通过点击某个成员名字下方的"复制"按钮）。在"决策列表"中你可以看到所有小组成员决策内容。你也可以：第一，进入各小组成员的决策区域查看他们的决策（通过点击成员名字下方的"确认"按钮）；第二，你可以在某个成员决策的基础上对他的决策进行调整和修改并保存为新的小组决策（通过点击要导入决策栏中的"导入"按钮）；第三，你还可以在小组决策制定区域直接修改小组决策（通过小组名字名字下方的"确认"按钮）；第四，当你们小组成员就某成员的决策达成共识后，请点击"复制"按钮将其决策保存为小组决策，并完成本回合的决策制定。你可以在回合截止时间前随时更改小组决策或重新复制其他成员的决策为小组决策。请注意，任何小组成员的决策都可以被作为小组决策，同时，截止日期到达时只有小组决策会参与结果运算。

7.市场前景讲解

在做出决策之前，请一定先阅读本回合市场前景。该前景包含了本回合和以后回合的市场发展趋势描述。在市场前景里，会看到课程设计者对当前回合重要参数（如成本、外汇兑换率、税率等）的提示。所有这些参数将会自动运用在决策页面的结果预运算和回合结束时的结果运算中。市场前景里涉及的数字，比如需求增长率、利率、税率等，一般是比较准确的。但由于一些实际结果，如销量等，还受到所有公司互相竞争的影响，其实际结果可能会与市场前景中提到的数字有一些偏差。

关于需求预测：作为一个企业经营者，你需要首先对企业的未来有一个大致估计，只有这样你才能在此基础上制定出合理的生产、研发和营销等决策。你首先需要预测的是每一个市场区域的总需求增长率，市场前景提供的信息可能会对预测有很大帮助。

然后在市场份额预测区域，你需要根据您的销售策略，确定本回合需要在每个地区销售的产品。请注意，在任何一个市场中，您最少可以不选，最多可以激活两种产品的销售。可供销售的产品由您的研发现状决定。同一市场如果有两种产品销售，那么它们使用的技术不能相同。如果您的指导老师使用的是默认案例，那么最开始时只会有一种技术的产品可供各队伍生产和销售。

请在选择产品使用的技术后为该产品预测本回合结束时可以达到的市场份额。请根据之前的历史数据和本回合的决策制定出一个合理的市场份额预测。之后关于生产和营销等决策计算，都将基于此时所填的预测市场份额。请注意，该预测值只能参与到销量的预测，以作为参考帮助您合理规划本回合公司的各方面资源。该预测和实际结果没有必然联系，常常有课程参与者忽视这点做出极不合理的决策从而导致模拟一开始就出现巨大损失。

在填写了市场总需求增长率预测和本回合市场份额预测后，平台会自动计算出本回合的预测销量。该销量将作为你之后生产、营销和财务模块的参考数据。请一定注意，这些数字只是根据你的决策带来的各种预测结果，并不是真实结果。最终的销量结果将在您和您的竞争者的决策之间产生。一般来说与结果相近的预测会提高其他决策的合理性。

各技术的实际需求在很大程度上还受到以下因素的影响：价格（如果指导老师使用默认案例，那么新技术一般都比旧技术要昂贵）；提供相同技术的公司数量（商家越多，该技术需求越强烈）；营销力度（广告投入）；定价（比如，指导老师将需求的价格弹性设为-1，那么当产品定价变为之前的两倍时，该产品的实际需求可能会降低50%）；市场总需求、某种技术的总需求和公司某个产品的需求。

影响市场总需求的因素：经济状况、平均价格水平、平均广告预算、新技术的普及。

影响某种技术总需求的因素：该技术的平均价格水平、所有队伍对该技术宣传投入（广告决策）、使用该技术公司的数目、该技术的网络覆盖程度、各地区消费者对该技术的偏好（参数，参见市场前景）。

影响公司某个产品需求的因素：产品的定价、对该产品的广告投入、产品搭载的功能数量、上个回合该产品所占的市场份额、销售同样技术产品的公司数量。

市场份额：在课程之初，所有参与者均分市场。但当您一旦开始做出决策时，市场份额就会发生改变。注意，当您在"决策"—"需求预测"页面填写市场份额预测值的时候，您需要在"本回合市场份额预估"一栏的输入框中填写产品占该区域的市场份额百分比。

8.生产、投资、采购规则讲解

（1）生产规则

全球产能的分配对于在模拟中获胜是一个关键性因素。根据设定，您可以在两个区域建厂生产产品（当使用默认案例时，这两个区域为美国和亚洲），并将其运输到三个区域（当使用默认案例时，这三个区域为美国、亚洲和欧洲）进行销售。指导教师可以选择开启或关闭库存模块，如果您的指导老师关闭了库存模块，那么，当实际需求小于生产设定数量时，生产数量会自动被减少以符合需求数量（该生产数量的调整会有附加费用产生，使单位可变成本有一定增加）；当实际需求数量大于设定的生产数量时，工厂不会自动增加产量，您损失本回合所有未被满足的需求数量，且这些需求数量不会积累到下一回合。

在该区域，您可以对您的生产线进行调整。您需要先设定生产线在本回合生产产品所搭载的技术，然后给每种产品以百分比为单位分配产能。每种技术都需要完成原型研发后才能生产。每个地区两条生产线，您可以任意组合。因为只有一种技术可用，所以在美国只能使用一条生产线进行生产；而由于亚洲还未建设厂房，所以在亚洲没有产能。

当您设置完产能以后，模拟系统会自动计算产品的单位可变生产成本（具体请参见生产成本章节）。不良率在一般情况下随采用技术的成熟度增加而降低。不良率已被包含在单位可变成本的计算中。

在页面下方，您还可以决定外包生产的数量，完成了原型研发的技术可以被外包，其单位可变成本也在此列出。外包生产的技术会与对应生产线使用的技术保持一致。最大外包数量由您的指导老师设定的参数和您对该技术的历史外包总量决定（即生产学习曲线）。外包生产的单位成本也在此显示，并随外包生产数量的变化而变化。

注意：你应该把损失销量的机会成本和生产能力过剩产生的成本进行比较：损失销量的机会成本等于每一件产品的销售利润，而生产能力过剩的成本是在该回合中停止生产所增加的单位可变成本。如果你过高估计需求，那么物流方面的优先级设定亦会失效，因为此时所有地区都能等到需要的产品。如果您的老师启用了库存模块，那么超出需求生产的产品会被存储在生产地，同时增加库存管理成本。

影响单位可变生产成本的因素如下：生产地区该技术的基础成本水平（参数）、与生产线开工率有关的成本函数（U-形曲线）、产量积累带来的学习曲线效用。当生产计划高于实际需求时，该回合的产量会降至与实际需求相等的水平，同时产生相当于约5%（使用默认案例时的参数）的生产成本的罚款（如果指导老师启用了库存模块，那么此项不适用）。

图1-4为与生产线开工率有关的成本函数。图中的横轴为生产线一回合内对某一个技术的开工率，纵轴为对应的生产成本乘数。请注意生产线接近全力运转时，生产成本会大幅上升。

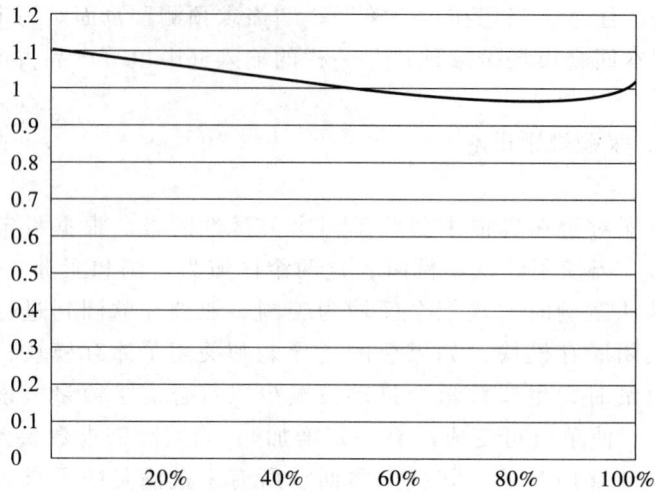

图 1-4　生产线开工率和成本的关系

生产成本乘数：某一个技术在该回合对生产线的使用率。图 1-5 为产量积累带来的学习曲线效用（请注意该图使用的数据为默认案例中的数据，其成本下降速率可能会因为您指导老师的设定而不同）。由于工人熟能生巧，所以对某个技术的单位生产成本会随着全球累计产品数量的增加而降低。

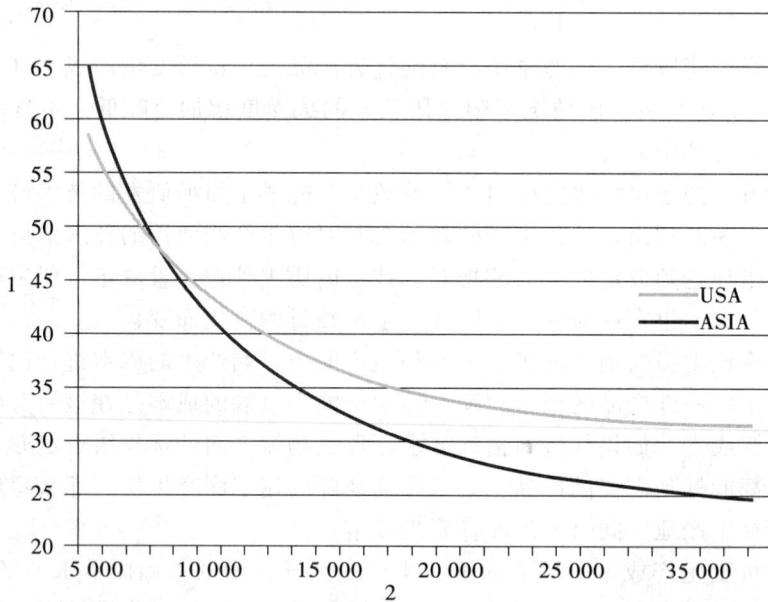

1. 单位可变生产成本（美元）；
2. 该技术产品全球累计产量。

图 1-5　学习曲线效用

库存：如果您的指导老师启用了库存模块，那么您在生产决策栏中可以看到详细的库存明细。回合期初库存数量和期末库存数量也可在生产计划页面中看到。库存页面下没有决策需要您制定。

该页面显示了您上回合的计划库存、上回合的实际库存和根据您本回合的预计需求和生产计划计算出的本回合计划库存。库存需要占用一部分资金，而该笔资金对应的机会成本（即从公司角度来讲需要为该笔资金支出的成本）就是库存的资本成本。

当产品生产出来卖不出去时，它们会被储存在其生产地。当下一回合有对应需求时，库存的产品会根据先进先出的原则被运输至有需求的地区。库存的价值会使用其被制造出时的该地区单位可变成本计算，自身生产和外包生产产生的库存成本会在每个回合分别计算，然后通过加权平均的方式计入库存价值，库存没有折旧。

（2）投资规则

生产投资：投资建厂是在模拟过程中扩大生产规模的主要方式。您的指导老师将决定工厂的建设时间是一个回合还是两个回合。在默认案例中，工厂的修建时间是两个回合。在开始投资前，我们建议您首先对未来两个回合中的全球需求做出估计，以帮助您合理规划投资决策。与此同时，您的指导老师将决定您是否可以出售拥有的工厂。

注意：您决定投资工厂意味着您在用一大笔现金进行长期投资。这笔现金是有成本的（如果来自股东，那么股东有预期收益率；如果来自贷款，那么银行有利息）。您必须确保该笔投资的回报率，即此工厂生产产品的净利润，能够超过这笔资金的成本。比如：如果一个工厂的投资价格是1.6亿美元，生产能力为55万个单位产品，折旧是每年15%（使用定率递减法折旧），工厂每年固定管理费为1 000万美元。假设今后您可以以每个200美元的单价销售产品，毛利率是35%，对应的预计销量是50万个单位产品。那么此时您每年的毛利润3 500万美元（50万单位产品×200美元×35%）。随后，从这笔钱中扣除第一年工厂的折旧费（1.6亿美元×15%=2 400万美元）和工厂固定管理支出（1 000万美元），则您本年度使用1.6亿美元换来了100万美元的收益。

在上个例子中，您本回合的投资收益率（ROI）为0.625%（计算公式是通过用运营利润（EBIT）除以投资成本（100万美元/16 000万美元）而得）。如果此时银行利率为5%，那么相当于您的投资实际利润为负数。

（3）采购规则

零部件采购：如果您的指导老师启用了"企业社会责任"模块，您会在"决策"生产页面下看到"采购"小标题。点击进入采购页面后，您可以在左侧勾选您本回合的零部件供应商，在右侧勾选是否需要与该供应商进行洽谈。

以下是对这两项决策的详细说明：

确定本回合零部件供应商。您本回合需要的最小供应商数量已显示在该页面下方。该数值和您的计划产量无关，是一个由指导老师决定的参数。

确定是否要与某个/某些供应商接洽。通过选择本回合与供应商接洽，您能够在下一个回合的决策页面看到未来两个回合该供应商的社会责任和可持续发展力的发展趋势。如果您计划更换供应商，那么在作出决定之前与潜在合作中接洽一下也许是个明智的选择。与供应商接洽会有一定成本产生。

对于每个供应商而言，以下信息需要您考虑在决策之中：

企业的社会责任：以星级打分的形式显示，主要评判标准为"企业伦理"和"可持续发展力"。"企业伦理"在本模拟中主要侧重于劳资伦理、工作伦理和经营伦理；"可持续发展力"主要体现企业在生产过程中对环境保护的严格程度。星级越高，企业伦理越受社会认同，自身环保标准越严格。

　　　每一个供应商都提出了自己的产品报价。当您选择某位供应商时，您需要为每件产品支付等同于该供应商报价的成本。如果您选择了多个供应商，那么您的所有零部件订单将平均分摊在每个供应商头上。也就是说，您本回合为此支付的单位成本是您选择供应商报价的平均值。生产学习曲线效应对该成本不适用。

　　　和供应商接洽后，在下一回合，您会看到"企业伦理"和"可持续发展力"项目右侧出现了两个箭头。向上的箭头表示该项目会增加，向下的箭头表示该条目会减少，水平的箭头表示该条目不会改变。如果您没有选择足够数量的供应商，那么您的生产成本会因此而大幅升高。因为您的工厂需要因此临时选择货源以及合作伙伴。

　　　注意：选择拥有良好社会责任感的供应商虽然会增加一些零部件的成本，但您的企业会因为有更好的口碑而获得一些需求的增长。您需要在练习回合通过尝试来了解供应商选择对销量和成本的影响，并在正式回合里权衡增长带来的利润是否能够抵销掉因此带来的成本增长，以此做出合理的决策。

实验二　　软件平台规则介绍

一、实验目的

　　　学习软件平台的竞争规则，了解相关的企业经营管理的理论知识，公司经营决策的依据。

二、实验要求

　　　按照教师指导学习相关企业模拟的知识，输入数据初步体验，进行相关实验，熟悉软件平台界面。

三、实验步骤

　　　1.营销规则讲解

　　　在营销页面上，您可以为每一个地区的每一种产品制订营销方案。其包含的决策包括：产品功能、定价和广告投入。一个市场最多可以有两种产品出售，这两种产品搭载的技术必须是不同的（相关选项需要在需求页面设置）。如果使用默认案例，那么最初各个市场只有一种产品（搭载技术1）可供销售。请注意：市场营销方案的成功与否是由市场来决定的，消费者会根据自己的意愿对产品进行比较分析后才购买。同时，如果因为产量不足和物流优先级不高等因素导致产品在该地区没有供给，那么您将无法设置该地区该产品的价格！

　　　首先要确定产品的功能数量。当其他条件不变时，功能越多，消费者对产品的需求越高，但产品成本也会越高。产品可用的功能数量由您的研发情况决定。

　　　在这里，您将为产品定价并设置广告投入。产品价格以当地货币为准，而促销则统一以美元计算。

　　　当产品功能数量、价格和广告决定后，系统会根据您设定的需求和生产计划，自动算出该地区该产品的财务报表，为您评估自己的决策和预测做参考。在这里，您可以看到在该地区销售的此类产品的生产地区。

您给产品添加的功能越多，单位成本就越高。产品可用的功能数量由您的研发情况决定。公司可以通过增加自身研发投入或者引进外部技术来增加可用功能数量。财务报表里的功能成本等于搭载功能的数量乘以每个功能的成本，相关数据请参考决策页面底部"参数"一栏。

营销不仅只对该产品的需求有影响，还可以提高公司在该地区的整体形象，使在该地区销售的另一款产品获益（假如有该产品）。广告投入带来的影响有一部分也会延续到下一个回合。

决策提示：您需要判断广告带来的利润增量是否能抵销该笔广告投入。一般来说，当推出一个新产品时，广告费过高是可以理解的，但是当产品销售进入成熟期时，其最好能为公司带来盈利。微观经济学研究表明，当广告投入等于销售毛利乘以广告弹性（参数，一般在0.1~0.3）时，该笔投入可以使利润最大。

2. 物流规则讲解

您需要为生产的产品设定物流优先级，以保证在其供不应求时，您的产品能够首先在利润最高的地区销售。请通过下拉菜单选择物流优先级顺序，数字"1"表示产品将被首先送达至该区域，物流优先级最高。当供大于求时，产品优先级将不会产生任何影响。

在制定运输优先级时，您应该让单位利润最高的市场优先得到产品，使得在供小于求时整体产品利润最大化。这意味着，一旦发生供货不足的情况，物流决策应确保该情况首先发生在单位利润最低的市场中。

3. 税收规则讲解

转让定价是利用关联公司进行交易，以降低税金的商业行为。通过转让定价，您可以调整不同子公司在本回合的利润，使税率高的地区的子公司的利润尽量小，以此达到合法避税的目的。具体操作方法是使子公司间的销售价格高于自由市场的市场价格，把一家子公司的利润转移到另一家子公司。比如说，由于中国内地的公司税率比中国香港要高（中国内地25%；中国香港16.5%），部分内地企业会在香港设立分公司进行原材料采购活动，并以稍高的价格卖给总公司。这样的安排令中国内地企业的盈利减少，中国香港分公司的盈利增加，而在总体盈利不变的情况下，整个集团的税务负担得以合法降低。这里需要决策的"转让定价乘数"即为销售产品的子公司从生产产品的子公司购买该产品时需要乘以在出厂成本上的倍数。如果使用默认案例，所乘的系数必须在1~2。

请注意，只有当有产品从A地运至B地销售时，即关联公司有交易产生时，A—B的转移定价决策才会有效，否则税收不会受到影响。其次，之前5个回合的累计亏损可以抵税，即如果前5年的累计利润为−100万元，第6年有133万元的利润，那么其中100万元是不需要纳税的。

4. 人力资源规则讲解

人力资源决策包括：本回合员工人数、每月工资和每月培训预算。较高的工资水平有利于降低员工流失率并促进其提高研发效率。在极端情况下，您可以解雇所有的员工来降低该回合的成本，但如果几个回合以后您又开始招人，新招的员工研发效率会比老员工低。人力资源成本包括：员工工资、员工培训、招聘、解聘和其他研发成本。这些成本都将在损益表中的研发成本一栏体现。

人力资源的成本包括了薪水，其他相关雇佣成本，培训，招聘，解雇和其他研发成本。你可以从页面底部的参数页面中找到更多关于人力资源成本的信息。

人力资源决策需要考虑的因素包括员工流动率、员工工资、员工培训，成功运营公司的关键在于有效分配工作量和员工人数，这也会影响员工流动率。较高的工资水平可以吸引有才能的员工，较高的累计培训费用和较低的员工流动率将有助于提高员工工作效率。

5.研发规则讲解

公司有两种方法可以提高其技术实力：加大自身研发部门的投入和引进外部技术。一般来说，如果要研发一个产品，自身研发的累计投入会比直接引进该技术要少；在默认案例中，开始以后越久，同一种技术就越便宜。自己研发的技术和产品功能在研发成功后，会有一个延迟，即如果回合1增加投入，决策页面显示研发出技术A，那么您只有在回合2才能生产并销售搭载技术A的产品。而通过引进技术，公司可以在该回合直接投入生产和销售。公司可以将两种方法穿插使用，以提高其竞争力：比如说，公司可以在开始的回合先通过引进新技术快速占领新市场，然后在接下来的数回合中利用自身研发，慢慢积累功能上的技术优势。

请注意历史自身研发投入并不能降低引进该技术的成本。比如说，如果一个小组在第一回合投资了两千万美元在技术2的自身研发上而另一小组在同一回合没有进行任何投资，那么在第二回合，两个小组在引进技术2时需要的付出是一样的。无论是否激活人力资源模块，该原则都适用。

如果你的课程启用了人力资源决策模块，那么自身研发费用将在人力资源决策中转换为同等的人工工日。您需要调节人员数量、协调研发所需工作日。研发决策与人力资源决策密切相关，所有员工都将服务于产品研发。产品自身研发进度很大程度上受员工工作效率的影响，而最终的研发成本是根据人工工日计算的，所以员工效率越高，同一个技术研发时间越短，研发成本越低。你可以通过引进外部技术来抢占市场先机，引进的技术和功能可以立即投入使用。引进是一次付款，无限期使用。

注意研发投资的本身很富有战略性，所以很难通过几个公式来得出到底应不应该研发某种产品的结论。希望您在考虑投资手机新技术时，规划好需要销售多少产品才能弥补公司在研发上的开销。在研发方面跟随他人的决策可能不是明智之举，因为在比赛结束之前，谁都不知道谁会笑到最后。

6.财务规则讲解

财务通常是最后一组您需要做出的决策。所有金融市场的交易都通过美国总公司负责，您需要对以下项目做出决策：增加（+）或减少（-）长期贷款、股票发行和回购、发放股息、资金管理（在集团公司内部转移基金）。

股票发行和回购是根据回合初期的市值所定，股票发行（回购）的数量影响发行（回购）股价。您还可以在不同国家之间转移资金（ITM国际资金管理）：可以通过内部贷款的方法把在亚洲或欧洲积累的大量现金储备调回总部或返回给股东；也可以在亚洲集资投资工厂。

每年年底的现金数不得低于最低要求（通常200万美元），如果现金储量低于此要求，那么财务部门会自动使用短期贷款来弥补其不足。短期贷款会在不需要时自动偿还，短期贷款总比长期贷款昂贵，所以我们建议您尽量避免短期贷款。在市场状况中您可以获悉短期和长期贷款的利率（短期负债利息）。

您始终要记住自己的目标，并不是把负债成本最小化，而是把投资回报率最大化。模拟的最终胜利取决于股东总回报，也就是小组在所有回合中为股东带来的回报，股东回报通过股价变化和累计发放股息来表示。

有关对额外累计现金的资本结构决策，对集团在亚洲和欧洲的资金调整后查看美国的现金情况。如果公司有额外现金，您可以考虑以下逻辑：检查资本结构，根据经验您应该把权益率（权益除以总资产）控制在40% ~ 60%，如果小于40%，那么把资金用来偿还负债将比发放股息更为有利；如果大于60%，那么您可能还没有充分利用合理避税政策（与加权平均资本成本有关，WACC）。

决定运营所需现金并视其为"缓冲线"，请记住如果您没有足够的资金来支持运作，那么系统会自动使用短期贷款以保持现金流动，在这种情况下短期贷款的利息将会很高。如果您对销售和预算越没有把握，那么就越要把现金的缓冲线设得高一些。

根据股息发放政策来发放股息，如果还有过多的现金，那么您可以把额外现金付给公司所有者，有两种不同的方法：第一，股票回购。如果回购股票，那么你的每股收益EPS将升高（回购的股份将会立即被减去）。如果您想一次性回购大批股票，那么会操作相当长的一个过程，因为您在市场中造成了需求，股票平均回购价格也会随之上涨。第二，额外股息发放。股息发放将作为股东累计回报的一部分（钱从公司的银柜转移到股东的银柜）。

在现实生活中，主要根据税收来衡量采取股票回购还是额外股息发放的方法。因为在模拟中我们只考虑企业所得税，所以我们建议您制定从长期收益状况方面考虑股息发放政策，如果有额外的现金，那么用于股票回购。但如果您有太多的现金，全部回购股票将造成大幅度的股票回购价上升，那么就使用额外股息发放的方法达到平衡。

此外，股票发行和回购的时机也非常重要，低买高卖的法则在这里依旧适用。

如图1-6所示，在这里您可以做出有关财务方面的决策，例如，增加（+）/减少（-）长期贷款，发行/回购股票，以及发放股息等。所有的财务决策都是在总公司完成的，所以查看总公司的现金流情况将会很有用。这里您可以看到公司上一年度（回合）的实际资本结构和本回合的预期资本结构。负债和资产保持大致的平衡状态是比较合理的，有助于降低资本成本。这里您可以在总公司和不同子公司之间进行资金转移。我们建议通过美国总公司对亚洲和欧洲的运营注资。注意：之所以要尽量使资产平衡表上的所有者权益和负债基本相等，是因为这样做可以把资产的成本降到最低。资产成本越低，公司以后所有现金流的净现值就会越高。换而言之，资产成本越低，超过资产成本的资金投资机遇就越大（也等于会有更多的商业机会）。

7.预算方法

预算是根据决策的变动不断更新的，在此可以看到集团的整体收益状况和各个市场地区的收益状况，主要财务指标也陈述于此。点击决策界面的损益表按钮，出现如图1-7所示的界面。

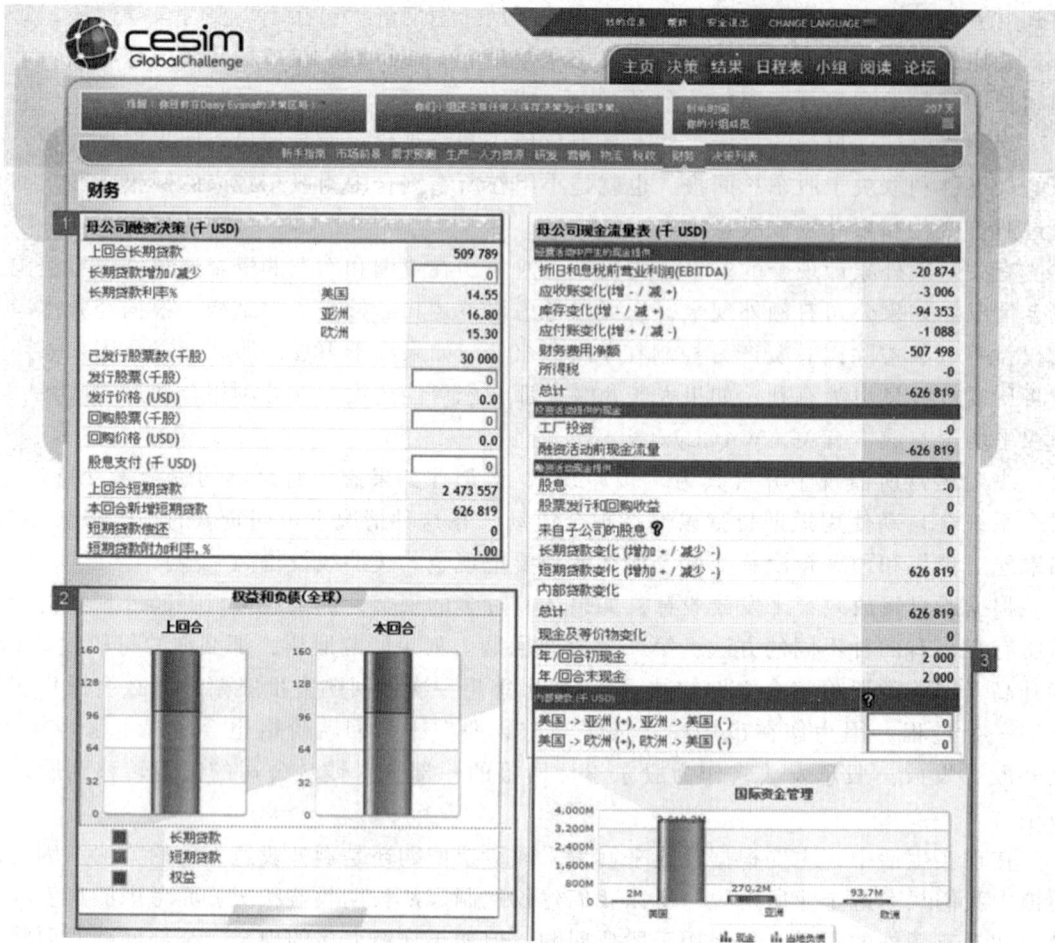

图 1-6　财务决策界面

损益表注解：在本模拟中，所有研发和营销（促销）成本都计算在其投资发生回合的损益表中，因而，利润会因研发和营销投资力度的不同而波动。

在本模拟中研发只在有生产工厂的地方进行，例如：如果您只在美国有生产工厂，那所有的研发都只在美国的损益表中显示；当您在亚洲也有了生产工厂时，研发将根据不同国家生产工厂的数目而进行划分。您还可以利用转让价格把研发费用转到其他地区（亚洲、欧洲）。

管理费用包括公司的间接成本，如公司还未分配到不同产品上的固定成本；部分管理费用属于生产设备的服务和保养。管理费用包括每个市场地区的基本成本和根据工厂数目而定的额外成本。当同一地区的工厂数目上升时，每个工厂的管理费用就会下降。

前几个回合出现的经营亏损将根据"亏损结算"原则结转。所以，以前出现的严重的亏损状况可以在以后回合中弥补，亏损抵免税。比如，某一地区过去是亏损的，当期利润首先是弥补历史亏损，然后盈余的部分才需要缴税。

资产负债表注解：应收账和应付账自动计算为以营业额和生产成本为基础的比率。其他有限资产表示股票发行/回购价格与股票名义价格（10美元）的区别。如果公司没有足够的现金流以维持运营，那么系统会自动使用短期贷款。

图 1-7　损益表界面

注意：因为您的目的是使股东利益最大化，所以应该把资产负债表中的债务，在与当前利润和今后发展机遇不抵触的情况下，控制得越低越好。如果您可以在资产相同的情况下，以相对较低的负债实现相同的利润，那么说明您更为有效地利用了资产，而且从投资者那里需要相对少的资金。

实验三　公司团队组建

一、实验目的

学员相互介绍，并组建团队。让学员分别扮演企业组织中的不同角色，明确工作职责，明确公司愿景和经营目标，设计公司徽标。通过实验，体验团队合作，理解团队合作的决策方法，全面理解公司经营决策的重要性。

二、实验要求

组建公司，确定总经理角色及相关岗位角色，召开经营会议，确定公司名称、发展目标、设计公司徽标。

三、实验步骤

1.公司名称设计与说明

团队成员协商，给出公司的名称，并给出命名依据。

2.公司徽标设计与说明

团队成员分工，搜索资料，给出公司的徽标草图，并给出设计依据。

3.岗位分配

成员通过协商，投票等方式，进行团队成员分工，形成岗位分配表，并给出岗位说明书。岗位分配表和岗位说明书分别见表1-1和表1-2。

表1-1 岗位分配表

职位	姓名	联系方式
总经理		
销售总监		
生产研发总监		
财务总监		

表1-2 岗位说明书

职位名称	职位说明
公司总经理	
营销总监	
生产总监	
财务总监	

4.团队宣讲

团队制作团队介绍视频2~3分钟，并进行宣讲，现场团队互评打分。

实验四 模拟企业经营练习

一、实验目的

在学习竞争规则的基础上进行2个回合的公司经营决策模拟练习，通过分析公司经营成果，了解决策及其结果；通过实验，熟悉软件的决策系统规则和要求。

二、实验要求

按照教师指导学习相关企业模拟的知识，按照教师指导进行相关实验。

三、实验步骤

1.召开经营会议，制定经营战略和目标

要求：由公司总经理带领全体成员对公开市场信息进行全面分析和经营决策。

会议主要内容：

（1）市场竞争与需求预测；

（2）公司经营战略和目标决策；

（3）工厂产能与劳动力决策；

（4）营销方案的选择；

（5）财务决策；

（6）年度预算。

2.填写和提交经营决策信息

计算机根据所有结果信息给出公司经营结果数据。

3.第一期模拟经营总结

根据本期决策思路和经营结果撰写（应包括决策思维和决策过程、经营成果及分析）第一期模拟经营总结报告，并由老师给出点评。

4.第二期模拟经营总结

根据上期总结，讨论研究本期决策思路和经营思路，并由老师给出点评。

实验五　　第3~6期模拟经营

一、实验目的

在总结前2期经验的基础上进行公司经营决策，并分析公司经营成果。

二、实验要求

按照教师指导学习相关企业模拟的知识，并完成相关实验。

三、实验步骤

1.召开经营会议，制定经营战略和目标

要求：由公司总经理带领全体成员对公开市场信息进行全面分析和经营决策。

主要内容：

（1）市场竞争与需求预测；

（2）公司经营战略和目标决策；

（3）工厂产能与劳动力决策；

（4）营销方案的选择；

（5）财务决策；

（6）年度预算决策。

2.填写和提交经营决策信息

计算机根据所有结果信息给出公司经营结果数据。

3.第3~6期模拟经营总结

根据本期决策思路和经营结果撰写（应包括决策思维和决策过程、经营成果及分析）第二期模拟经营总结报告。

实验六　模拟经营结果点评分析

一、实验目的

通过对模拟经营结果进行点评和交流，让学生学习到相关知识。

二、实验要求

教师对各组的最终结果进行点评，分析原因，各组都积极讨论和反思。

三、实验步骤

1.分析各组经营结果和中间决策数据，重点包括定价方案、产线和产能选择、物流决策、广告投资等，根据专业不同，可以考虑增加股票分析、融资决策等模块的分析。

2.各组代表交流讨论，分析各回合决策依据，决策预期及决策结果，思考决策中的应该改进之处。

第二章
生产与运作管理模拟实验

生产与运作管理作为一门实践性很强的课程，其核心是提高企业生产效率，减少生产过程的浪费，降低产品库存，提高产成品质量等，是工商管理的核心课程。本实验基于江苏一鼎堂软件科技有限公司的软件"生产运作管理实验实训系统"。该套系统涵盖了生产运作管理、基础工业工程、生产计划与控制、物流管理等相关理论课程，目的是让学生通过该软件，掌握应用生产运作管理与生产计划管理等相关理论知识在实际生产过程解决问题的能力，并认识到生产运作目的在于高效、低耗、灵活、清洁、准时地生产和提供顾客需要的合格产品及满意服务；培养学生利用专业的理论知识对流水生产的过程进行分析优化，并通过对动作分析改善、工艺路线优化、生产质量管理、生产计划改善和成本优化等方面对流水生产的各个工程进行优化，以提高实际生产效率。提升学生的实践操作能力、协调沟通能力、综合决策能力。

实验一　生产曲线验证

一、实验目的
通过连续流水生产，统计各工位装配时间数据，分析装配时间曲线，并分析验证学习曲线。

通过分析学习曲线，制定生产标准工时，亲身了解制造系统中的装配线的生产过程。

二、实验要求
通过实验画出小组的学习曲线图。

三、实验步骤
1.讲解有关生产运作管理学习曲线。

学习曲线又称经验曲线，随着产品累计产量的增加，单位产品的成本会以一定的比例下降。学习曲线是单位产品加工时间与所生产的产品总数量之间关系的一条曲线（如图2-1所示）。

在生产加工过程中，随着生产组装时间的推移，工人的熟练度也逐渐提升，单位产品加工时间也随之降低，这个阶段就是生产的学习阶段。当加工时间到达了一定的阶段，产品的组装时间也相对固定，这阶段算是产品的标准产出阶段。研究生产学习曲线，一方面可以验证生产曲线的过程，另一方面也可以了解因生产而带来的优化。同时在生产达到标准阶段时，制定生产的标准工时。

本实验在流水生产线上，要求学生扮演装配工人的角色，模拟流水装配的过程。在模拟过程中，系统将每个工位的装配时间进行记录、统计。生产工位如图2-2所示。

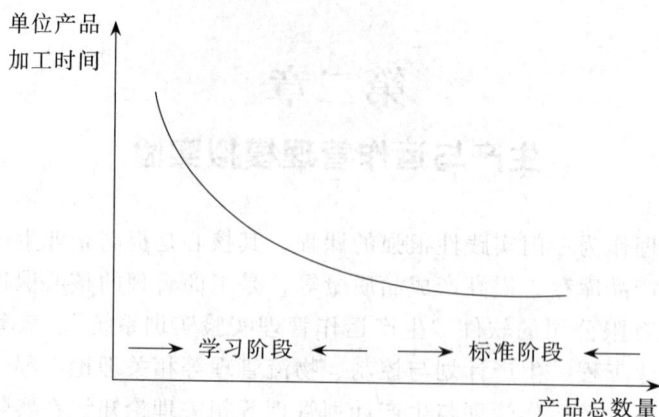

图2-1　学习曲线图

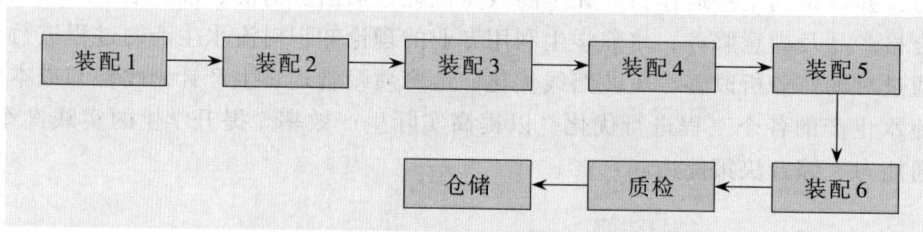

图2-2　生产工位示意图

在实验过程中，学生分小组扮演生产车间的装配人员、质检人员、仓储人员以及物料人员，通过实验加工生产模拟产品，并在系统上进行完工汇报，系统将各小组的工位加工时间、等待时间、产出时间等信息进行统计，再对数据进行分析（如图2-3所示），从而验证学习曲线和找出稳定时间点。

工位加工统计 - 执行结果				查询
组号	[136]一组-02生产曲线 ▼　课程号	02生产曲线	论次	2
产品	工序	总时间	等待时间	加工
吊车	装配1	16	0	0
吊车	装配1	6	0	6
吊车	装配1	5	0	5
吊车	装配1	7	0	7
吊车	装配1	7	0	7
吊车	装配1	22	0	22
吊车	装配1	7	0	7
吊车	装配1	31	0	31
吊车	装配1	32	0	32
吊车	装配1	5	0	5
吊车	装配1	0	0	0
吊车	装配2	29	0	0
吊车	装配2	24	0	1
吊车	装配2	19	0	1
吊车	装配2	13	0	1
吊车	装配2	8	0	2

图2-3　生产数据统计图

2.学生小组在系统上进行装配操作，系统记录装配数据，录制装配视频。

3.分析实验数据，并验证学习曲线图，找出曲线标准阶段。

4.根据标准阶段实验工时，制定标准工时，画出学习曲线图。

实验二　动作优化及改善

一、实验目的

1.学习用专业工业时效分析软件进行装配动作分析；

2.通过对双手动作分析，改善双手动作，并提高生产效率；

3.通过对工具改进、环境改善提高生产效率；

4.从工作环境和动作分析的研究中找到提高生产效率的方法。

二、实验要求

通过实验，得出小组合理的装配动作。

三、实验步骤

1.讲解动作分析知识

动作分析是方法研究的另外一个内容，主要研究分析人在进行各种操作时的身体动作，以消除多余的动作，减轻劳动强度，使操作简便有效，从而制定最佳的动作程序。

动作分析研究的实质是研究分析人在进行各种工作操作时的细微动作，删除无效动作，使操作简便有效，以提高工作效率。其内容为：发现操作人员的无效动作或浪费现象，简化操作方法，减少工人疲劳，并在此基础上制定标准的操作方法，为制定动作时间标准作技术准备，具体包括动素分析、影像分析、动作经济原则等内容。

生产活动实际上是由人和机械设备对材料或零部件进行加工或检验组成的，而所有的检验或加工都是由一系列的动作组成，这些动作的快慢、多少、有效与否，直接影响了生产效率的高低。

动作改善的步骤方法：

（1）问题的发生/发现

在生产制造的现场，每天都有新的问题在发生。有些人可能视若无睹，觉得一切都很正常，因而也就缺少改善的动因，效率也就日复一日地停留在同一水平。改善往往源于问题的产生和发现，管理者如果能带着疑问审视现场所发生的一切，特别对细节的地方加以留意，就更容易找出改善的对象。

（2）现状分析

问题发现以后，就应该针对问题发生的现场，展开细致调查，掌握翔实数据，使问题进一步明确。然后根据掌握的事实，展开分析。这个步骤，应坚持以下原则：①现实主义的原则；②数据化的原则；③记号化、图表化的原则；④客观分析的原则。

（3）找出问题的真正原因

现状的分析可以得到一些问题的原因。这时，应该逐一加以验证，把一些似是而非的原因排除掉，找到真正产生问题的原因。排除的过程应该坚持先简单后复杂，先成本低后成本高的原则。

动作经济表见表2-1。

表 2-1 动作经济表

基本原则 要点 要素	1.减少动作数 是否进行多余的搜索、选择、思考和预置	2.双手同时动作 某一只手是否处于空闲等待或拿住状态	3.缩短动作距离 是否用过大的动作进行作业	4.轻快动作 能否减少动素数
1.动作方法	1.1.1 取消不必要的动作 1.1.2 减少严格的活动 1.1.3 合并两个以上的动作	1.2.1 双手同时开始同时完成动作 1.2.2 双手方向、对称同时动作	1.3.1 用最适当的人体部位动作 1.3.2 用最短的距离动作	1.4.1 尽量使动作无限制地进行 1.4.2 利用重力和其他力完成动作 1.4.3 利用惯性力和反弹力完成动作 1.4.4 连续圆滑地改变动作方向
2.作业现场布置	2.1.1 将工具物料放置在操作者前面的固定位置处 2.1.2 按作业顺序排列工具物料 2.1.3 工具物料的放置要便于作业	2.2.1 按双手能同时动作布置作业现场	2.3.1 在不妨碍动作的前提下作业区域应尽量窄	2.4.1 采用最舒适的作业位置高度
3.工夹具与机器	3.1.1 使用便于抓取零件的物料箱 3.1.2 将两个以上的工具合为一件 3.1.3 采用动作数少的联动快速加紧机构 3.1.4 用一个动作操作机器的装置	3.2.1 利用专用夹持机构长时间拿住目的物 3.2.2 利用装置完成简单作业或需要力量的作业 3.2.3 设计双手能同时作业的夹具	3.3.1 利用重力或机械动力送进或取出物料 3.3.2 机器的操作位置要便于用身体最适当的部位操作	3.4.1 利用夹具或滑轨限定动作路径 3.4.2 抓握部的形状要便于抓握 3.4.3 在可见的位置通过夹具轻松定位 3.4.4 使操作方向与机器移动方向一致 3.4.5 利用轻便操作工具

在本实验中，各小组将在第一轮试验中所录取的双手动作分析视频在专业的分析软件中进行分析，通过对各动作要素进行分析（如图 2-4 所示），分析改进双手协调性以及删除不必要的浪费动作等，再按照改进后的分析数据在生产线上实际进行操作，从而对比优化前后的效率。

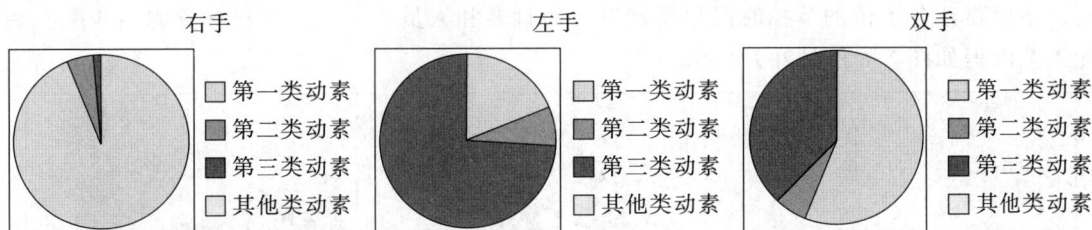

图2-4　动素图

2.用生产动作分析软件分析"实验1"录制的动作装配视频，并进行双手动作改进。

3.就改进后的结果在生产线上进行进一步验证，以收集实验数据。

4.教师分析实验数据，并与优化数据作对比。讨论理论优化数据与实际操作的差异。

实验三　工艺路线优化

一、实验目的

1.能够从系统的角度加深对产品的结构与装配关系的理解；

2.学习产品功能与性能分析的方法；

3.学习多品种混流装配生产的组织与计划方法等；

4.通过产品装配过程的规划、调整、运行和协同工作，切实地体验装配线平衡与优化。

二、实验要求

分别按不同的工艺流程进行生产，并比较。

三、实验步骤

1.讲解生产工艺流程有关知识。

生产工艺流程，是指在生产过程中，劳动者利用生产工具将各种原材料、半成品通过一定的设备、按照一定的顺序连续进行加工，最终成为成品的方法与过程。原则是：技术先进和经济上的合理。由于不同工厂的设备生产能力、精度以及工人熟练程度等因素都大不相同，所以对于同一种产品而言，不同工厂制定的工艺可能是不同的；甚至同一个工厂在不同的时期做的工艺也可能是不同的。由此可见，就某一产品而言，生产工艺流程具有不确定性和不唯一性。

单产品工艺路线优化实验模拟单产品的生产过程，给定学生特定的产品，学生根据产品的组装特性，结构构成，以及人员、工位等信息进行产品工艺流程的设计，并在系统及生产线上进行装配，平衡生产工时，最终完成工艺流程图。装配工位如图2-5所示。

图2-5　装配工位图

产品组装工艺流程是装配流水生产重要的部分，如何编制工艺流程图，要考虑诸多方面，不但要让各工位的节拍时间尽量接近，而且要和人员、工位、物料等资源相匹配。装配工艺流程如图 2-6 和图 2-7 所示。

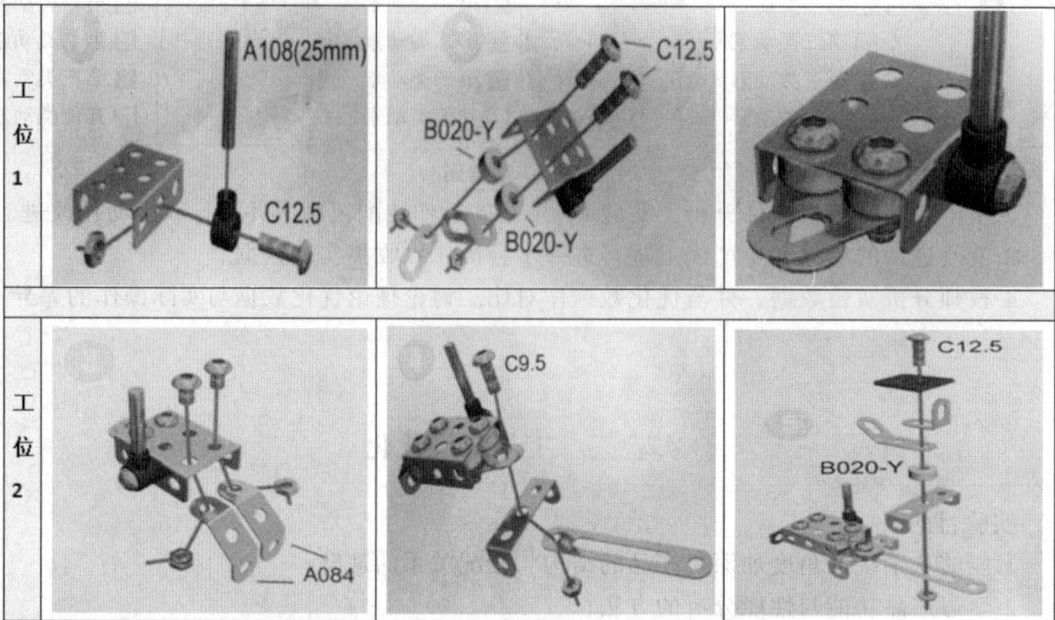

图 2-6　装配工艺流程图

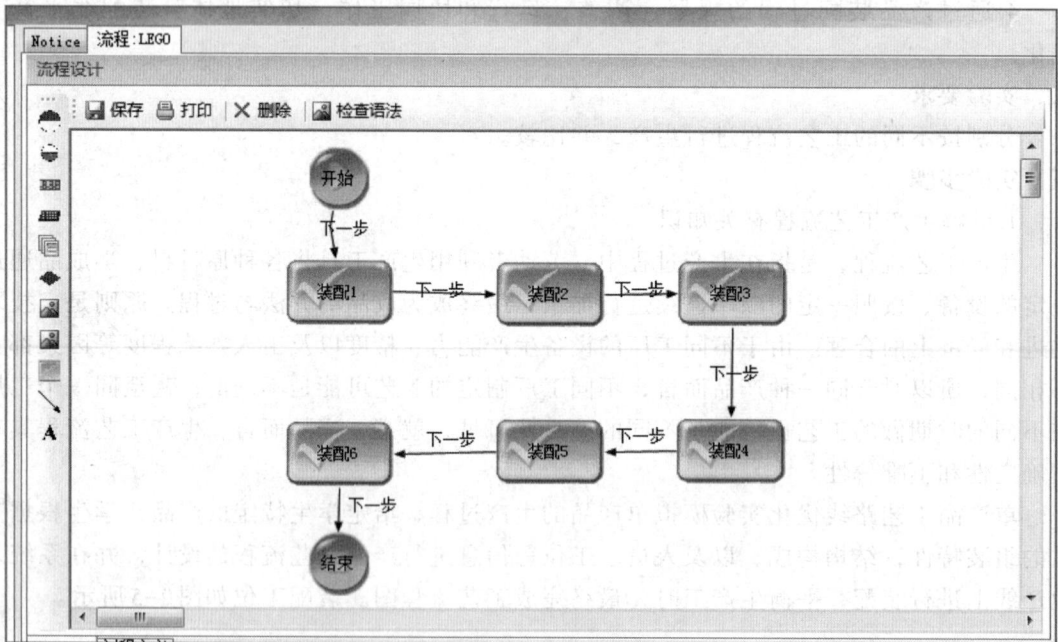

图 2-7　生产工艺流程实际图

多产品混线生产是将多种产品在流水线上进行混合生产，混线就需要产品生产线的平衡，装配线平衡又称工序同期化，是指通过各种可能的技术、组织措施来调整各项单件作业时间，使它们流水线的节拍相同或者与流水线节拍成倍比关系。对装配线实行平衡技术，其目的是使所设计的装配线所需工作时数最少，同时使各工作的作业间尽可能接近节拍，减少忙闲不均的现象，并符合高效率和按节奏生产的要求。

2.学生根据实验要求改进生产工艺，并在系统上制定工艺流程，进而制定工艺流程图。

3.将优化后的工艺流程图导入系统，并替换掉原始流程。

4.学生在系统上运用新的工艺流程行进行实验操作，并收集数据。

5.老师讲解分析学生数据，对比优化前后的工艺流程数据，评价工艺流程的优劣。

实验四 生产质量管理

一、实验目的

1.让学生体会质量管理对企业管理的重要性；

2.学习从产品结构方面对产品成品率进行改进；

3.学习用数据分析方法分析次品发生的主要原因。

二、实验要求

画出本组的质量分析图表。

三、实验步骤

1.讲解质量管理相关知识。质量管理是对确定和达到质量所必需的全部职能和活动的管理。其中包括质量方针的制定及所有产品、过程或服务方面的质量保证和质量控制的组织、实施。质量管理是生产过程中的重要环节，严格控制好质量检测，可以为企业增加利益。完整的质量管理体验我们在知识点阶段已经学习，在本实验中，质量管理我们只作为一个小实验进行操作。

2.首先学生通过生产线进行生产活动，在生产线末端加入质检岗位，质检人员根据以下质检标准对完工产品进行质量检测，质量检测统计数据直接在系统上进行记录。正常在学生操作过程中，为防止质检人员不合格，各小组质检人员都是由其他小组人员担任的。完工产品质量检测标准见表2-2。

表2-2　　　　　　　　　　　　　　完工产品质量检测标准

产品等级	质检标准	满足点
一等品	1.所有零件都使用正确； 2.无松动，轮胎和其他活动部分均可正常活动	1、2同时满足
二等品	1.所有零件都使用正确； 2.产品整体有稍微松动，轮胎和其他活动部分均可正常活动	1、2同时满足
三等品	1.所有零件都使用正确； 2.产品整体有稍微松动，轮胎和其他活动部分的活动稍有不正常	1、2同时满足
次品	1.有零件使用错误； 2.产品整体松动比较大，影响正常功能，轮胎和其他可活动部分不能正常活动	1、2满足其一

质检产品如果是正品，那么按照正品等级进行入库。质检产品如果是次品，那么放入次品仓库，同时记录次品的出现原因。次品出现原因按照产品结构分为4项，分别是：轮胎不动、螺丝松动、零件错误和其他原因。

3.系统统计时间数据，提取产品质检数据和各工时加工数据进行统计分析，并将系统质检数据进行统计，画出排列图（如图2-8所示），可以显而易见地发现次品出现的主要问题是轮胎不能动。而轮胎安装是装配的最后一个加工单元，因此可进一步分析最后一个加工单元的加工时间，找出问题的原因。通过分析统计质检数据，对节拍数据等信息进行分析。

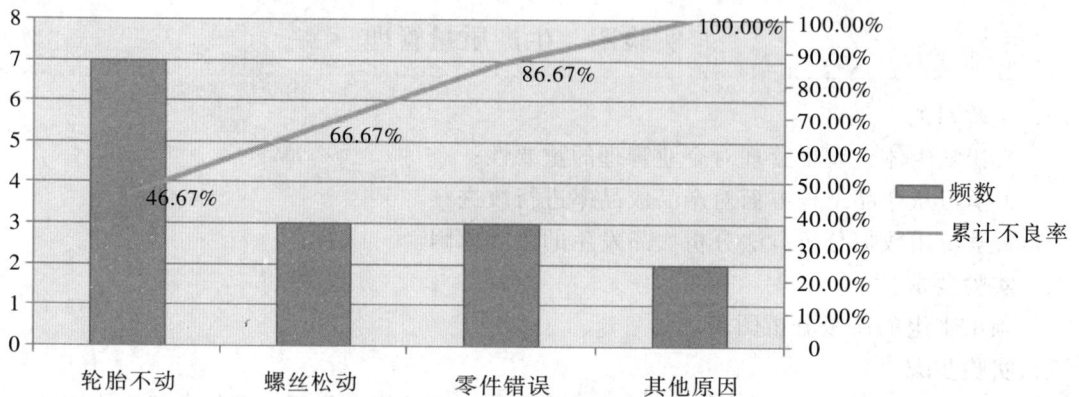

图2-8　不良品排列图

4.通过质检数据分析残次品出现的环节，运用质量管理分析的相关知识对次品出现的环节进行改进。

5.改进产品结构，降低次品率。

6.线上再次操作，检验改进效果。

实验五　生产计划编制

一、实验目的

1.学习如何编制主生产计划；

2.学习市场分析预测；

3.学习并掌握根据市场预测和产线分析制订主生产计划。

二、实验要求

通过实验完成生产计划编制。

三、实验步骤

1.讲解生产计划知识。

生产计划是关于企业生产运作系统总体方面的计划，是企业在计划期应达到的产品品种、质量、产量和产值等生产任务的计划和对产品生产进度的安排。它反映的并非某几个生产岗位或某一条生产线的生产活动，也并非产品生产的细节问题以及一些具体的机器设备、人力和其他生产资源的使用安排问题，而是指导企业计划期生产活动的纲领性方案（如图2-9所示）。

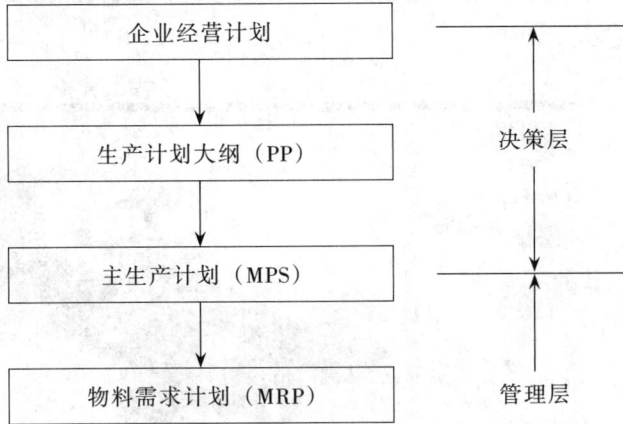

图2-9 生产计划

实验让学生根据生产订单及市场预测编制主生产计划和对主生产计划进行改进。实验开始之前，老师给定学生一部分固定订单，另外再给市场数据，学生根据市场数据，进行市场订单预测，再结合现有的订单，安排主生产计划。

2.将主生产计划导入生产系统。

根据制订的主生产计划下达生产任务，各生产工位根据生产计划进行产品生产，同时销售部会不定期根据市场订单进行产品交货。

实验接收后，根据市场已交订单和未交订单分析主生产计划的优劣，同时对主生产计划进行进一步优化，优化完成的主生产计划可导入系统进行下一轮生产实验。生产订单和工位生产计划图如图2-10和图2-11所示。

订单编号	订单时间	产品3数量	产品4数量	产品3价格	产品4价格	订单金额
1	10分钟	1	0	200	0	200
2	10分钟	1	1	240	540	780
3	15分钟	1	0	230	0	230
4	15分钟	0	1	0	520	520
5	15分钟	1	1	240	540	780
6	15分钟	1	0	240	0	240
7	20分钟	0	2	0	520	1040
8	20分钟	2	1	240	540	1020

图2-10 生产订单

进入下一轮后，系统提供大量的可供选择订单，这时候选择的订单数量过多，不可能在生产线上完成，我们需要借助系统仿真功能来模拟生产计划的实施。首先根据选择的订单制订主生产计划，并将主生产计划导入系统，再将系统生产工时及标准工时等信息输入系统，在系统仿真的环境下，加快时间运行。最后在模拟运行结束后，我们可以很明显看

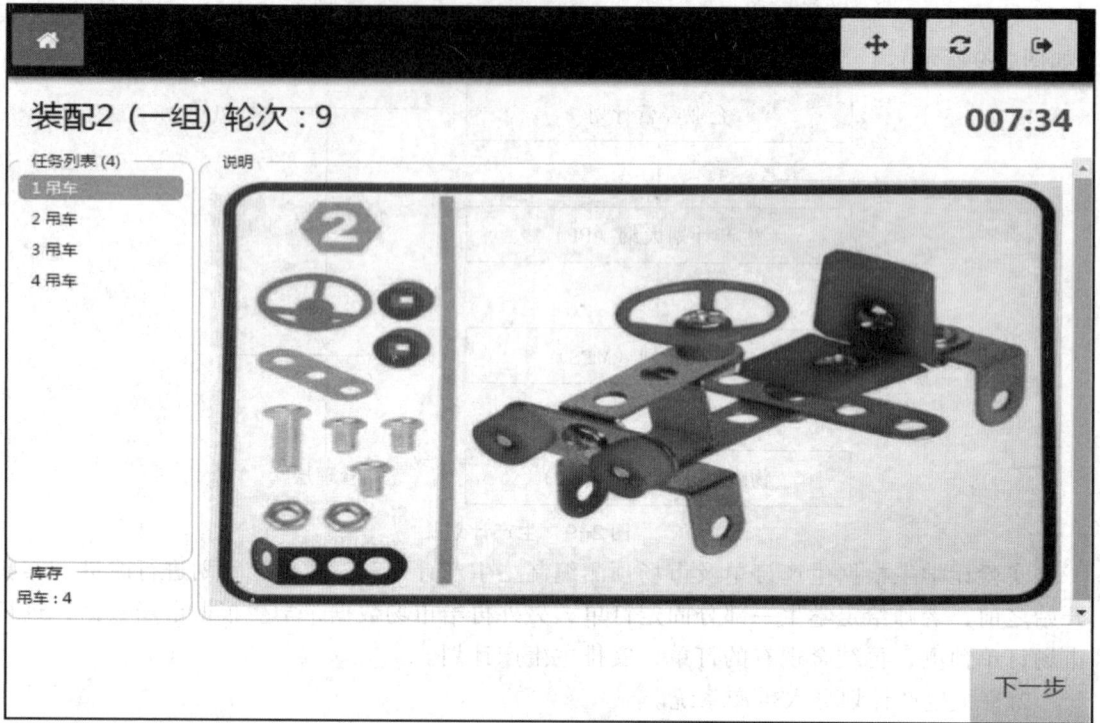

图2-11　工位生产计划图

到哪些订单已经完成，哪些订单没有完成，以及生产计划制订得是否合理。系统仿真流程和参数设置如图2-12和图2-13所示。

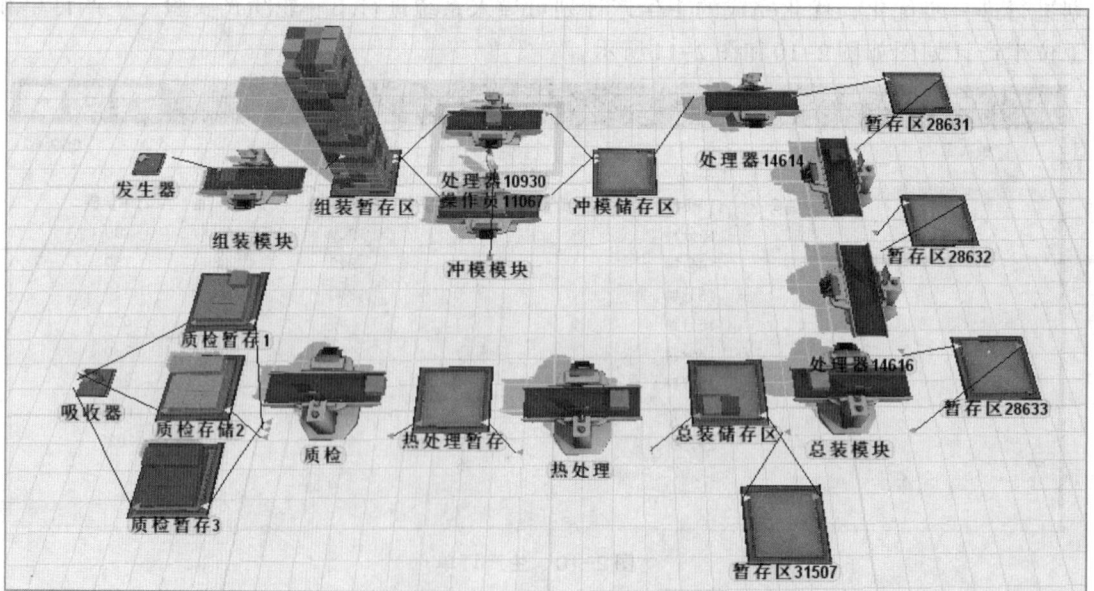

图2-12　系统仿真流程

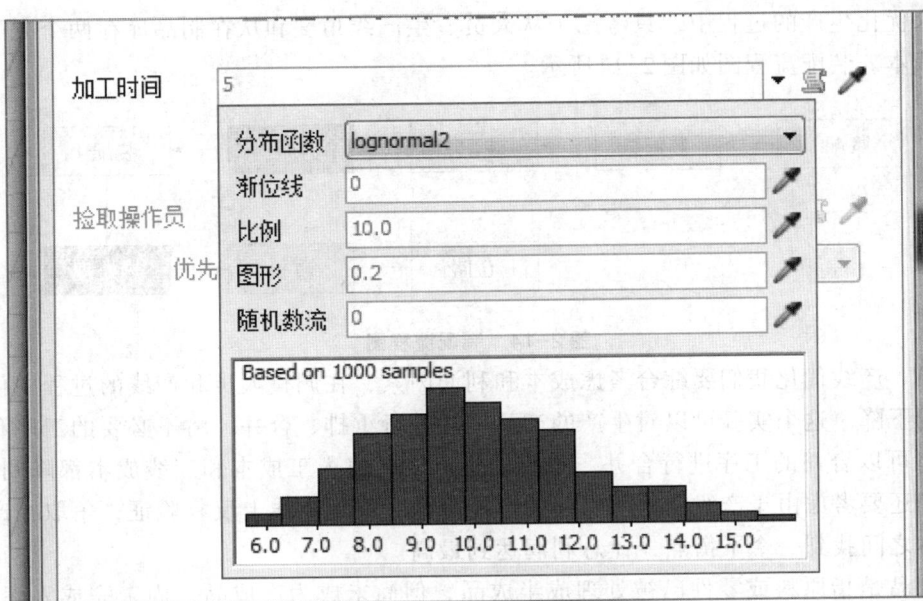

图2-13　系统仿真参数设置

3.分析实验产品的交货率，根据生产计划所学的理论知识，对生产计划进行优化改进，从而达到物料、库存等信息的最优化。

4.教师分析统计生产数据及订单交货率，评价生产计划的优劣，以及改进点。

实验六　成本优化

一、实验目的

1.能够从成本角度考虑分析生产的优化过程；

2.学会人员产线和生产成本之间的平衡；

3.学习通过控制库存减少成本的方法；

4.学习生产成本与产线、在制品库存之间的影响关系。

二、实验要求

计算和分析本组的生产成本。

三、实验步骤

1.生产成本实验知识点讲解

生产成本是生产单位为生产产品或提供劳务而发生的各项生产费用，包括各项直接支出和制造费用。直接支出包括直接材料（原材料、辅助材料、备品备件、燃料及动力等）、直接工资（生产人员的工资、补贴）、其他直接支出（福利费）；制造费用是指企业内的分厂、车间为组织和管理生产所发生的各项费用，包括分厂、车间管理人员工资、折旧费、维修费、修理费及其他制造费用（办公费、差旅费、劳保费等）。

在本实验中，我们简化成本构成的要素，只讨论所涉及相关要素的成本。在本实验中所涉及的成本要素只有人员、生产线、工具、在制品仓储成本及废品成本。因此我们从成本角度来优化生产的过程中，只考虑了从人员、生产线角度和从在制品库存两个方面来优化生产成本。装配流程图如图2-14所示。

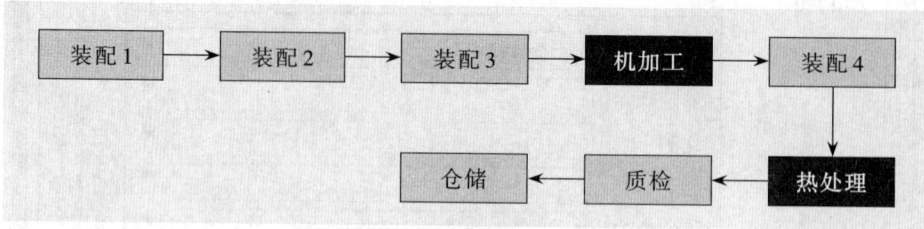

图2-14　装配流程图

人员、产线优化我们要综合考虑成本和利润因素，在调整人员和产线的过程中可能引起产能的下降。这个实验可以对生产的产品工艺进行重排、合并，将不必要的工序和人员取消，将可以合并的工序进行合并。重排的生产工艺将人工成本和产线成本都降到最低。同时我们还要考虑由于产线调整所引起的产能降低，在生产线上反复验证，争取在产能和生产成本之间找到一个平衡点，让总利润达到最高。

在制品是指原料或零件已被处理成半成品，但尚未成为产成品，尚未完成入库手续。在制品过多堆积也会造成产品成本增加。在本实验中我们引入在制品成本是以在制品储存费用作为在制品成本计算。实验中的在制品过多，说明前后工序时间不太平衡，因此造成产品成本增加。

在本实验中，学生要综合考虑人员产线以及在制品的数量来调整生产工艺。成本要素图如图2-15所示。

原材料类型	单价		工具名称	单价
C007	1		小螺丝刀	10
C5.5	1		小扳手	10
C9.5	1		大扳手	30
C16	2		改进螺丝刀	40
C32	6		套筒	20
A006	6		电动螺丝刀	80
A007	6			
A009	1		仓库采购	仓库费用
A016	2		原材料仓库	10
A018	2		半成品仓库	30
A021	3		成品仓库	50
A022	2		废品仓库	50
A023	9			
A034	2			
A036	9		工人工资	元/分钟
A037	2		生产工人	0.3
A038	2			
A045	9		设备名称	单价
A055	9		工位	400
A056	2			
A075	2		工人名称	工人工资
A076	9		生产工人	90
A081	9			
A088	4		费用名称	采购差旅
B002	2		差旅费	100

图2-15　成本要素图

2.教师将人员工资、库存成本纳入考核范围，给定每个工人的工资，每个库存产品的存货成本。

3.各小组根据成本项目，适当地做人员调整、产线调整、库存产品调整，完成优化方案，从而达到利润最大化。

4.各小组在生产线上根据调整的人员产线方案，进行实际操作，收集实验数据。

5.根据各公司产品价值以及成本项目，综合评价优化方案。

实验七　准时生产

一、实验目的

1.学习准时生产的生产过程；

2.体验拉式生产和推式生产的方式；

3.学会使用看板生产，并总结两种生产方式的使用情景。

二、实验要求

制作电子看板，并利用看板进行生产。

三、实验步骤

1.讲解准时生产又称JIT，JIT（Just in time）生产。

JIT生产，实质是保持物质流和信息流在生产中的同步，实现以恰当数量的物料，在恰当的时候进入恰当的地方，生产出恰当质量的产品。这种方法可以减少库存，缩短工时，降低成本，提高生产效率。而看板生产就是准时生产第一种典型的生产方式。

准时生产强调"非常准时"和"按需求生产"，它要求生产过程中的各个环节衔接的标准化，没有不必要的物流停顿和库存，按用户的质量、数量和交货期要求进行生产。

本次实验我们引入看板生产，让学生体验一下拉式生产和推式生产的区别，而看板就是拉式生产信号传递的方式。

2.本次实验过程为拉式生产模式，实验开始，每个暂存区都会摆放固定数量的半成品期初库存（库存数量比例依据第一轮实验数据决定）。仓管人员根据老师给定的订单，从仓库里面拿货，并提交订单，一旦仓库货物少于期初库存，仓管人员挂出相应货物看板，物料人员根据看板，取下看板到暂存区拿取该成品产品，并将看板与货物一并交给仓管人员，同时，暂存区缺少货物，物料员将看板挂出，"组装6"看到并进行组装，依次往上推（如图2-16所示）。

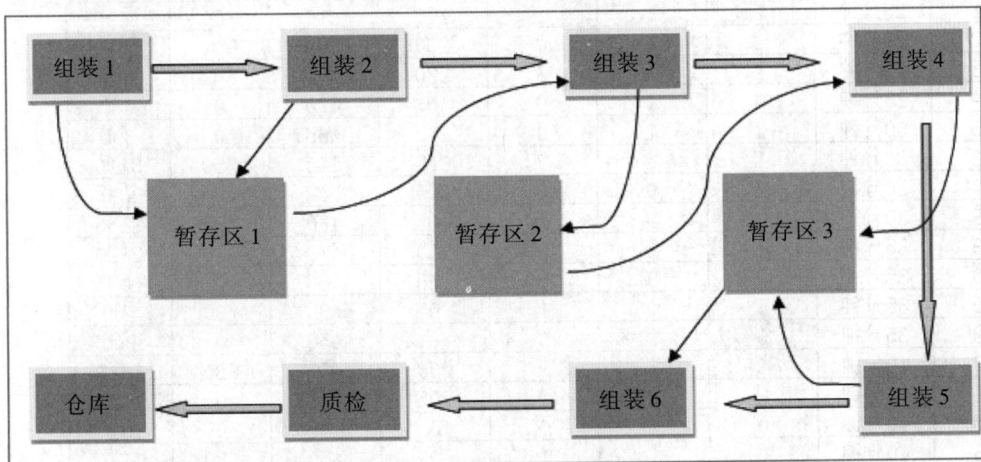

图2-16　看板生产示意图

3.综合对比实验数据，分析两种生产方式的适用场景。

实验八　综合模拟对抗

一、实验目的

1.综合运用生产优化的方式，从各方面对流水生产线进行优化，以提高生产效率；

2.综合掌握从人、机、料等方面的优化成本，以提高企业利润；

3.掌握预测市场信息、分析市场信息的方法。

二、实验要求

分析实验数据，并对原有的生产过程进行优化设计。

三、实验步骤

1.实验目的和知识讲解。

本实验是整个实验体系的最后一个环节，此环节是前几个实验的综合。系统提供全新的生产场景，学生根据动作优化、工艺路线优化、质量管理、生产计划制订与编制、成本优化等几个方面，进行综合分析改进，优化流水生产的工艺，并根据优化后的结果进行产能计算，再从生产订单库（如图2-17所示）中选择合适的订单，进行生产。最终从利润方面综合评价试验成果。

订单编号	订单时间	P1数量	P2数量	P3数量	P1价格	P2价格	P3价格	订单金额	
1	10分钟	1	0	0	200	0	0	200	清除
2	10分钟	1	1	0	240	540	0	780	
3	15分钟	0	0	1	0	0	720	720	订单生成
4	15分钟	0	0	2	0	0	750	1500	
5	15分钟	1	1	1	240	540	810	1590	订单获取
6	15分钟	1	0	1	240	0	810	1050	
7	20分钟	0	2	0	0	520	0	1040	
8	20分钟	2	1	3	240	540	810	3450	
9	20分钟	0	1	0	0	480	0	480	
10	20分钟	2	2	0	220	520	0	1480	
11	25分钟	1	1	1	220	510	760	1490	
12	25分钟	2	2	0	230	500	0	1460	
13	25分钟	4	3	3	220	500	800	4780	
14	25分钟	0	1	0	0	470	0	470	
15	30分钟	2	1	0	215	465	0	895	
16	30分钟	1	3	2	215	465	750	3110	
17	30分钟	2	0	0	200	0	0	400	
18	30分钟	0	1	1	0	460	725	1185	
19	35分钟	2	1	2	210	460	720	2320	
20	35分钟	5	0	0	215	0	0	1075	
21	35分钟	0	0	1	0	0	700	700	
22	35分钟	0	2	0	0	450	0	900	
23	40分钟	1	1	1	200	450	690	1340	
24	40分钟	2	2	0	205	455	0	1320	
25	40分钟	0	5	0	0	465	0	2325	
26	40分钟	0	1	1	0	450	680	1130	

图2-17　生产订单库

2.给定全新场景，学生从各个方面优化生产流程。

3.制定生产标准工时，计算产能。

4.从生产订单库中选择合适的生产订单，并制订主生产计划。

5.生产线上的实际生产，最终从利润方面进行评价。

第三章
管理案例分析综合实训

　　管理案例实训以调动学生的积极性为核心，构建体验式、仿真性和模拟教学的综合实训方法体系。通过实训，培养基层管理岗位的综合管理技能；包括四大关键能力，即计划与决策能力、组织与人事能力、领导与沟通能力和控制与信息处理能力。

　　具体来说，通过实训，可以培养学生们的具体管理技能。按照培养基层管理岗位的综合管理技能的总目标分解，让学生进一步了解企业管理的各大模块知识。

　　管理案例分析实训的主要方法：

　　一是案例分析。案例分析是管理学教学联系实际的特色形式，通过选取典型的、具有学生讨论与研究余地的案例让学生掌握某一特定的管理知识。进行案例分析，既可以采用由学生独立分析，再以书面作业完成的分散方式；又可以采用先分小组讨论，后到课堂上全班讨论这种集中形式。其中，后一种方式主要用于对重点案例进行分析。教师的指导重点要放在引导学生寻找正确的分析思路和对关键点的多视角观察上，而不是用自己的观点影响学生。教师对案例分析的总结，不要对结果或争论下结论，而是对学生们的分析进行归纳、拓展和升华。

　　二是直接与企业家对话。在课程上安排学生与企业家直接对话，使学生与企业家直接进行沟通，也可以采用课外座谈或播放录像的方式。

　　三是管理沙龙。管理沙龙是针对管理课程的特点而尝试的一种特殊的教学方式。一般是针对一个特定的管理问题，事先进行较为充分的准备；然后，由学生们集聚在一起，在轻松的氛围中进行畅谈，相互启发，也可以争论，形成相同或不同的思路；并于事后形成文字材料。

　　四是角色扮演。给出一定的案例或要解决的管理问题，由学生扮演其中的角色（可轮流扮演），设身处地地分析并解决所面临的问题。学生从所扮演角色的角度出发，运用所学知识，自主分析与决策，以提高学生实际决策的技能。

　　五是互动式课堂。互动式课堂是指结合教师讲授，发动学生参与课堂教学活动，主要是学生讨论、学生上讲台、学生模拟等形式。

　　六是调查与访问。配合教学内容，组织学生深入社会，对企事业单位进行调查。有条件时直接访问企业家。

　　七是模拟公司系列实训。结合本课程的教学内容及进程，通过一系列的实训活动，系统模拟一家公司从组建到营运的全过程，以使学生对实际管理过程有更深的体验。

实训一　管理者

一、实训目的

1.认知并能有意识培养自己的管理素质；

2.学习作为管理者需要具备的能力和素质；

3.懂得调查研究的初步技能；

4.认识在实践中管理者的职责与素质。

二、实训要求

1.要求通过网络查找知名企业家的资料，并对当地企业家或企业的中高层管理者进行调查。对管理的概念和重要性有大致了解。对企业家应具有的素质和人格魅力有初步认识，知道管理在社会生产实践中的大量应用。

2.学生调查访问的主要问题可参考如下：

（1）你是如何管理企业的？又是如何管理下属的？

（2）你在管理中遇到的主要困难有哪些？

（3）什么是最重要的管理学知识？

（4）你的企业最需要哪种类型的人才？

3.以采访的形式直接对话企业家（有条件的可在课堂上进行），并录制采访录音和录像保存起来。

三、实训步骤

1.课下查找资料，或提前学习相关的传记和一些采访，对几个典型的知名企业家如马云、任正非、李嘉诚等，同学们各自讨论这些企业家的事迹和特点，并写下自己的感受。

2.课下同学们一起参观本课程的企业实训基地，并自愿组成小组，每组6～8人。在调查访问之前，每组需根据课程所学知识经过讨论制定调查访问的主题，并把具体步骤和主要问题计划好。

3.学生自主调查访问企业和一些管理者，并提交调查访谈记录。各小组在讨论的基础上，每个同学把自己调查访问所得的重要信息，如照片、文字材料、影音资料等制作成宣传册进行展出，之后交老师保存。

4.查找资料，并于调查访问结束后，在课堂上组织一次专题交流与讨论，时间为2节课。

5.老师根据每个同学在交流中的表现和课后提交的书面材料进行评估。

实训二　管理对象与管理环境

一、实训目的

1.使学生结合实际，加深对管理系统的感性认识与理解；

2.初步培养认知与养成现代管理者素质的能力。

二、实训要求

1.由学生自愿组成小组，每组6~8人。利用课余时间，选择1~2个中小企业进行调查与访问。

2.在调查访问之前，每组根据课程所学知识经过讨论制定调查访问的提纲，包括调研的主要问题与具体安排，可参考下列问题：

（1）该企业组织架构、薪酬体系、激励机制、控制系统等方面的管理系统的构成状况；

（2）管理者的分类，并重点访问一位管理者，向他了解他的职位、工作职能、胜任该职务所必需的管理技能，以及所采用的管理方法等情况；

（3）对其管理对象的调查与分析；

（4）该企业的一般环境与任务环境是什么？

（5）在该企业中有哪些你感兴趣的管理机制？作简要分析。

三、实训步骤

1.每人写出一份简要的调查访问报告；

2.调查访问结束后，组织一次课堂交流与讨论；

3.以小组为单位，分别由组长和每个成员根据各成员在调研与讨论中的表现进行评估打分；

4.再由教师根据各成员的调研报告与在讨论中的表现分别进行评估打分；

5.将上述诸项评估得分综合为本次实训成绩。

实训三　管理思想

一、实训目的

1.初步掌握案头调查的技巧；

2.知晓管理思想演进的过程。

二、实训要求

1.利用课下时间让同学们去图书馆、上网等查阅有关管理思想演进的资料；

2.课上利用一节课的时间组织学生讨论、交流资料；

3.利用课余时间在实际企业中，或通过浏览网络、报纸杂志，搜集我国改革开放后有关管理方面的案例或资料（最好是一事一议的简短事例）；

4.应用所学理论，联系古代管理思想及理论，分析其管理思想或组织文化。

三、实训步骤

1.每个人根据收集到的资料绘制管理思想演进结构图；

2.上交教师进行评估后存档。

实训四　组织文化

一、实训目的

培养分析与建设组织文化的能力。

二、实训要求

根据所学知识以及对网络调查或实际企业所获得的信息资料，研讨并确定公司的管理理念与组织文化。例如，可以调查阿里巴巴企业文化的变迁，或者某个小公司的企业文化。

三、实训步骤

1.每个人写出一份论证应以何种理论作为管理的理论依据的简要材料；

2.每名同学调查一个现实企业，说明其组织文化的建立以及如何持续保障；

3.每名学生在充分思考交流调查的情况下，自由组成小组，并按小组组建公司，再由每个公司提交"公司管理理念"与文化建设方案；

4.班级课下组织一次交流，每个公司推荐两名成员谈管理的理论依据，并由总经理谈公司的文化建设方案；

5.由教师与学生对各公司所交材料与交流中的表现进行评估打分。

实训五　管理环境分析

一、实训目的

1.培养分析外部环境的能力；

2.培养分析内部环境的能力。

二、实训要求

1.利用课余时间实地调查一家企业，或搜集一家企业的系统资料。

2.运用"五力"分析法，分析该企业的外部环境。

3.运用价值链理论与方法，分析该企业的内部环境。

三、实训步骤

1.组成小组，并做好分工。

2.寻找一个合适的企业，利用环境分析的理论和方法，撰写一份企业外部环境分析简要报告、一份企业内部环境分析简要报告。

3.由教师对学生的两份报告评定分数。

实训六　计划制订

一、实训目的

1. 培养学生的创意性思维；
2. 培训学生制订计划能力；
3. 培养学生分析评价能力；
4. 培养学生沟通能力；
5. 每一个计划的题目大约进行10分钟，总共利用大约两节课的时间。

二、实训要求

1. 要求积极表现和参与，包括主动承担计划制订并积极评价对方的计划。
2. 评分标准：计划考虑是否周全、组织分工是否合理、预算核算等，评价计划是否积极，有没有提出建设性意见。
3. 课程结束后上交书面资料（即计划提纲）。

附：供参考的计划项目。

1. 如果你是班长，怎样抓好一个班级的建设，请草拟一份计划书；
2. 请为本班策划一次周末联欢活动，草拟计划书；
3. 策划一次街头营销宣传活动，请你制定一份策划书；
4. 如果你想承包一家校园超市，你该怎样制定经营策划；
5. 如果你要创业，请简要写一份创业计划书。

三、实训步骤

1. 将全班分成A、B两组，相对而坐，围成圆圈。
2. 教师每10分钟发放一个题目（也可以抽签）。
3. 第一节课由A组制订计划，B组分析评价计划；第二节课A、B两组轮换角色。
4. 教师公布题目后，负责制订计划的一组用抢答的方式确定计划制订者，经过5～10分钟准备后提出一个简要的计划。
5. 计划提出后，另一组成员对该计划进行评论，并指出其合理之处，以及存在的问题和不足；制订一方的本组人员可对计划做进一步补充和解释说明。

实训七　啤酒游戏

一、实训目的

通过游戏结果和数据对比分析并了解在市场经济中出现的牛鞭效应。通过数据的横向对比（不同小组的相同角色之间）和纵向对比（小组成员之间）分析，提高学生的分析能力；通过对牛鞭效应产生原因的探索、解决问题措施的思辨和对社会实际影响的思考，提高学生系统思考和理性思维的能力。

二、实训要求

1.全班分成若干组，3人一组，分别扮演零售商、批发商、生产商3个角色。老师扮演消费者。游戏时间为40周。

2.事先准备实训道具：零售商、批发商、制造商的实训记录表各一张；游戏规则一份；铅笔。

三、实训步骤

1.讲解游戏规则

（1）单位缺货成本为2，库存成本为1。

（2）消费者到零售店购买啤酒，零售商向批发商订购啤酒，批发商向生产商订购啤酒，生产商根据啤酒的订单安排生产计划。

（3）消费者对啤酒的需求量为一周的需求。

（4）零售商每周一接到司机（司机角色不需要扮演）从批发商处送上门的啤酒后，把订单交给司机，司机在返程途中将订单送达批发商处。零售商的订单经两周后由司机在周一送达批发商。

（5）批发商每周一接到司机从生产商处送上门的啤酒后，把订单交给司机，司机在返程途中将订单送达生产商处。批发商的订单经两周后由司机在周一送达生产商。

（6）生产商接到司机返回的订单安排生产计划，啤酒从计划、生产到送达批发商的时间需要两周；批发商接到零售商的订单后安排车辆、送货到达零售商处需要两周时间。

（7）生产商、经销商、零售商3个角色的安全库存为12个单位。

（8）渠道中的订单量根据历史销售量和预测发出，发货量由角色决策。期内允许消费者对啤酒的需求波动。

（9）生产单位为批，批发单位为车，零售单位为箱。1批有4车啤酒，1车有4箱啤酒。

2.按游戏规则完成游戏，并填制表格。零售商角色数据表、批发商角色数据表、制造商角色数据表、其他组零售商角色数据表分别见表3-1至表3-4。

表3-1　　　　　　　　　　　　零售商角色数据表

周次	市场需求量	销量	本期总欠货量（顾客）	期初库存量	批发商送货量	本期欠货量（批发商）	累计欠货量（批发商）	期末库存量	订货量（批发商）	本期利润
1										
2										

表3-2　　　　　　　　　　　　批发商角色数据表

周次	零售商订单量	发货量（零售）	本期总欠货量（零售）	本期累计欠货量（零售）	期初库存	制造商送货量	本期欠货量（制造）	累计欠货量（制造）	期末库存量	订货量（制造）	本期利润
1											
2											

表 3-3　　　　　　　　　　　　制造商角色数据表

	批发商订单量	本期发货量	本期发货欠货量	累计欠货量	期初库存量	制造产出量	期末库存量	计划生产量	本期成本
1									
2									

表 3-4　　　　　　　　　　　其他组零售商角色数据表

周次	市场需求量	销量	本期总欠货量	期初库存量	批发商送货量	本期欠货量	累计欠货量	期末库存量	订货量	本期利润
1										
2										

3.按游戏数据制作消费者、零售商、批发商的订购量曲线图及制造商的生产量曲线图；零售商、批发商、制造商的库存曲线图；制作两组相同角色的订购量、库存量、到货量、销售量曲线图。

4.分析牛鞭效应现象产生的原因及解决的办法。

5.提交实训报告。

实训八　组织结构设计

一、实训目的

1.培养组织结构的初步设计能力；

2.培养制定制度规范的基本能力。

二、实训要求

设置公司组织机构。运用所学知识，根据所设定的模拟公司的目标与业务需要，研究设置所需的模拟公司组织机构，并画出组织结构框图。同时，建立公司的制度规范，包括公司的企业专项管理制度、部门（岗位）责任制和生产技术标准、生产技术规程等。

三、实训步骤

1.画出公司组织结构模式及组织系统图。

2.公司名称与管理人员组成情况。

3.企业领导制度。

4.总经理选举（竞聘）办法。

5.每个成员的竞选讲演稿。

6.各职位岗位权责制度。

7.公司管理方针。

8.公司经营战略。

9.公司考核制度。

10.其他制度。

11.由教师与学生为文稿打分。

实训九　企业市场营销

一、实训目的

1.培养市场调查的能力；

2.培养市场细分的能力；

3.培养选择目标市场的能力。

二、实训要求

1.以模拟公司为单位，课下组织市场调查，并进行市场细分；

2.调查一家企业的产品市场，或搜集某领域产品的相关资料；

3.运用所学知识进行市场细分，要指出可以运用的主要划分标志，及相应的细分市场；

4.提出选择目标市场的建议，并说明理由。

三、实训步骤

1.各公司提交市场细分报告；

2.各公司提交选择目标市场分析报告；

3.教师对各模拟公司的表现进行评估。

实训十　企业财务报表分析

一、实训目的

1.培养学生对公司财务指标分析的能力；

2.培养学生对公司发展潜力的分析；

二、实训要求

1.以上市公司为单位，通过上市公司的报表，进行公司财务指标分析；

2.运用所学知识，指出该公司发展出现的问题；

3.提出该公司是否值得投资的建议。

三、实训步骤

1.提交的财务研究报告；

2.教师对研究报告进行评价。

第四章

创业管理模拟实训

本实训采用杭州贝腾科技有限公司的"创业之星"（大学生创业模拟实验室）软件，该软件是配合教育部加强创业教育实训的要求而全新推出的中国第一套创业模拟实训产品，是国内第一套全程创业模拟实训的训练平台。

"创业之星"采用国际领先的商业模拟技术来实现创业模拟的全过程，涵盖了从计划、准备到实施的创业全过程。"创业之星"主要包括三大部分功能模块：创业计划、创业准备、创业管理。学生在"创业之星"平台下模拟真实企业的创立过程，完成创业计划书、办理工商税务登记注册、对创立企业进行运营管理等管理决策。通过对真实创业环境的模拟，帮助学生掌握在真实企业创业过程中可能遇到的各种情况与经营决策，并对出现的问题和运营结果进行分析与评估，从而对创业有更真实的体验与更深刻的理解，帮助学生提升创业意识，掌握创业技能，从而提升择业、就业的能力。

实训一　创业准备

一、实训目的
了解创业的步骤。

二、实训要求
掌握创业需经历的一些程序，学生端进入的主场景。每幢楼的入口处有一个进入标志，点击这个位置，可以进入相应的大楼。在创业准备阶段，需要完成公司有关工商税务登记注册的所有内容，并按以下步骤依次去相关部门办理各项事务。当创业者有了想法，并已经做好了资金、人员、技术、场地、设备、公司名称等方面的各项准备工作后，就进入了企业的初创阶段。参加训练的学生需要独立完成公司注册审批流程的所有工作。公司注册审批的环节主要包括：租赁办公场所、公司名称审核、撰写公司章程、公司注册资金、领取验资报告、公司设立登记、办理机构代码、办理税务登记、刻制公司印章、开设公司账户、办理社会保险等。需要根据系统规定的流程，完成相关表格的填写与资料的准备工作。得到：营业执照、税务登记证、社险登记证、银行开户许可证、公司印章。至此，公司设立。

三、实训步骤
1.租赁办公场所

点击"创业大厦"的入口处，由于是第一次进入，会提示是否需要租赁办公场所，点击"确定"，系统会自动为你分配一间办公室，请记下办公室地址信息，后面注册会用到。

2.公司名称登审核

小组讨论确定公司的名称，在主场景点击"国家市场监督管理总局"入口进入。会看到办事窗口有三个，点击最左边的窗口。根据弹出窗口提示，选择"指定代表证明"，按要求填写相关信息，并签字。再选择第一个菜单"名称预先核准"，完成公司名称预先审核申请书的信息填写。全部填写完整后提交，如填写内容符合要求且公司名称没有和其他小组冲突，会提示申请成功，从而可以使用申请的名称作为公司名称。

3.撰写公司章程

退出"国家市场监督管理总局"回到主场景，点击进入"创业大厦"；或直接在下面的导航仪表盘上点击"公司"，快速跳转到公司场景。点击"会议室"，点击菜单"公司章程"，完成公司章程的编写，并在最后签名确认。

4.公司注册资金

进入"创业银行"，点击窗口，在弹出窗口中点击"股东资金存款"菜单，确认将股东资金存入银行。

5.领取验资报告

进入"会计师事务所"，点击前台位置，在弹出窗口中点击"出具验资报告"。完成公司注册资金的验资。

6.公司设立登记

退出公司回到主场景，点击进入"国家市场监督管理总局"；或直接在下面的导航仪表盘上点击"工商"进入。点击"设立登记"窗口，在弹出窗口中，依次点击"指定代表证明""董事经理情况""公司股东名录""法定代表登记""发起人确认书"，并根据窗口提示信息完成相关内容填写，注意输入信息的正确性。全部完成后，最后点击"公司设立申请"，注意办理工商营业执照所需的各项材料是否都已准备好，按要求填写完所有内容，点击最后的签字确认。点击"办理营业执照"菜单，领取已办好的企业法人营业执照。

7.刻制公司印章

进入"刻章店"，凭营业执照刻制公司章、财务章、法人章。

8.办理机构代码

进入"质量技术监督局"，办理公司组织机构代理证。

9.办理税务登记

进入"国家税务总局"，点击窗口，按要求填写完相关信息，领取税务登记证（注：实行"五证合一"后，实际办理流程与系统中设定的流程会有一定出入）。

10.开设公司账户

进入"创业银行"，点击窗口，在弹出窗口中点击"开设银行账户"菜单，开设公司银行账户。

11.办理社会保险

进入"人力资源和社会保障局"，点击窗口，在弹出窗口中点击"社会保险登记"，完成"用人单位社会保险登记表"的填写。再点击"社会保险开户"，完成"企业社会保险开户"登记表的填写。至此，已完成公司工商税务登记的所有流程工作，公司正式成立，可以开张营业了。接下来将进入到创业企业运营管理阶段。

实训二　创业计划书

一、实训目的

1.了解创业计划书的作用；

2.熟悉创业计划书的基本构成；

3.掌握创业计划书各个构成模块的撰写方法思路。

二、实训要求

1.熟悉创业计划书的写作要求：

（1）主题明确：创业项目名称体现创业投资的主旨或目标——科技、市场、价值；

（2）内容充实、结构合理、论据充分、论证严谨；

（3）方法科学、分析规范；

（4）文字通畅、表述准确：通俗易懂、逻辑严谨、言简意赅、谨防语病。

2.根据本组实验情况和创业计划书模板编写本公司的创业计划书。

三、实训步骤

1.简述拟创业企业概况：包括选择创业项目的理由、企业愿景、企业主要经营范围、企业类型。

2.市场评估：包括目标顾客及潜在顾客描述、市场容量或变化趋势、预计市场占有率、竞争对手优劣势。

3.产品或服务：主要提供的产品和服务。

4.营销策略。

5.股份合作协议。

6.企业战略和组织架构。

7.财务分析预测。

8.风险预测。

实训三　创业管理

一、实训目的

了解创业的一些常见决策。

二、实训要求

围绕创业企业发展的生命周期，制定各项决策，并最终推动企业的成长壮大。创业管理是训练和提升学生创业能力的关键环节，也是检验创业计划可行性的实践环节。通过对真实企业的仿真模拟，所有参加训练的学生分成若干小组，组建成若干虚拟公司，在同一市场环境下相互竞争与发展。每个小组的成员分别担任虚拟公司的总经理、财务总监、营销总监、生产总监、研发总监、人力资源总监等职位，并承担相关的管理工作。通过对市场环境与背景资料的分析讨论，完成企业运营过程中的各项决策，包括战略规划、品牌设计、营销策略、市场开发、产品计划、生产规划、融资策略、财务预算等。通过团队成员的努力，使公司实现既定的战略目标，并在所有公司中脱颖而出。

三、实训步骤

学生全部完成企业的创业准备工作后，接下来可以进入创业管理阶段。首先，在教师端程序点击"任务进度控制"菜单，点击"进入第1季度经营"，结束创业准备阶段的各项工作，进入创业企业运营管理阶段。如果不需要做前面的工商税务登记流程任务，那么教师可以直接跳转到后面的创业管理环节：在教师端点击"系统参数设置–基本环境设置"，在"是否跳过公司注册流程"一项选择"是"，再按上面步骤点击"任务进度控制"菜单，点击"进入第1季度经营"，即可跳过工商税务登记环节。在创业管理阶段，各小组在规定时间内一次性完成所有的经营决策，在每一季度时间截止前，小组成员可以反复对决策的内容进行调整修改。一旦教师端控制结束该季度运营，则不能再修改已完成的所有决策。在每一季度需要完成的决策除个别任务外，大部分不分先后次序，可由每位成员根据公司讨论好的策略同时去制定相关决策。

1.研发部

研发部负责公司新产品的研究与开发工作。点击"研发部"，弹出窗口会显示研发部需要完成的决策任务以及相关操作。

产品设计：点击"决策内容–产品设计"，根据消费者需求分析的情况及公司发展战略设计需要生产的产品，产品名称由公司自己设定，并确定产品原料配置清单及计划针对的消费群体。设计好后点击"保存"。完成设计的产品，会出现在窗口最下面有所有产品列表，将鼠标移到产品名称旁的标志上，会显示出该产品的原料配置清单及研发进展等信息。

产品研发：不同设计的产品根据复杂程度，其需要投入的产品研发时间也不相同。点击"决策内容–产品研发"，根据窗口提示完成已设计好的产品研发投入。

2.制造部

制造部负责公司产品的生产制造工作，包括原料采购、厂房添置、设备添置、资质认证、工人培训、产品交货等决策。

原料采购：根据公司设计的产品原料配置情况，采购生产产品所需要的原材料。

厂房购置：公司可以购买或租用厂房，用来放置生产设备。

设备购置：在拥有了厂房后，可以购买设备安置到指定的厂房中。

资质认证：部分市场需要通过认证才能进入，根据商业新闻资料的提示，安排公司的认证计划。

生产工人：安排工人的培训计划，并提交人力资源部安排培训，以提升技能。

订单交货：公司拿到销售订单后，根据存货情况安排订单交货。输入要交付的订单数量，点击"发货"即可。

3.生产车间

如果需要进行生产排产，那么首先进入"生产车间"，点击后会跳出厂房选择窗口。选择需要进入的厂房，点击"进入"，进入厂房内部后可以看到所有生产设备。点击要安排生产计划的生产线，在弹出的窗口中对该生产线进行生产排产或相关操作。

　　4.人力资源部

　　人力资源部负责公司人员的招募工作，包括生产线上的操作工人和销售部的销售人员。为招募到的人员签订合同，办理保险，并根据制造部和销售部提出的培训计划，对相关人员安排技能培训。

　　人员招募：根据制造部和销售部的用人计划，到人才市场招募生产工人和销售人员。

　　签订合同：为公司所有人员（包括管理层人员、招募的生产工人和销售人员等）签订劳动合同，办理养老保险。

　　员工培训：可以为操作工人和销售人员安排培训，以提升人员技能。如果要安排培训，那么先由相关部门提交培训计划。如果要对生产工人进行培训，那么先由制造部安排培训计划，再转到人力资源部，可以看到制造部提交的生产工人培训计划。点击"培训"按钮，即可安排对该工人的技能培训。

　　5.市场部

　　市场部负责公司市场整体推广工作，包括区域市场的开发以及产品在市场上的广告宣传投入。

　　市场开发：根据公司战略，选择相关的市场投入费用开发。

　　广告宣传：针对公司的每一个产品制订本季度的广告宣传计划。

　　6.销售部

　　销售部负责公司产品的对外销售工作。销售部要负责销售人员的岗位安排，以及针对每一个市场的不同情况，制定产品在不同市场上的报价策略。

　　7.财务部

　　财务部负责公司的资金筹划管理，为公司正常的生产经营提供资金支持。

　　银行借款：进入"创业银行"，点击窗口，根据提示申请借款。

　　现金预算：根据公司发展规划与经营目标，完成本期现金预算表。

　　在完成本季度所有经营决策后，教师端在"任务进度控制"菜单下点击"进入下一季度"，即完成当前季度工作。各小组可以查看上季度经营状况，交付上季度获取的订单，收回货款，盘点库存，对本季度经营管理进行分析决策。

　　按照上述步骤，继续进行下一季度的经营管理。

第五章
管理统计软件实验

统计要与大量的数据打交道，涉及繁杂的计算和图表绘制。现代的数据分析工作如果离开统计软件几乎无法正常开展。在准确理解和掌握了各种统计方法原理之后，再来掌握几种统计分析软件的实际操作，是十分必要的。

常见的统计软件有 SAS，SPSS，MINITAB，EXCEL等。这些统计软件的功能和作用大同小异，各自有所侧重。其中的 SAS 和 SPSS 是目前在大型企业、各类院校以及科研机构中较为流行的两种统计软件。特别是 SPSS，其界面友好、功能强大、易学、易用，包含了几乎全部尖端的统计分析方法，具备完善的数据定义、操作管理和开放的数据接口以及灵活而美观的统计图表制作。SPSS 在各类院校以及科研机构中更为流行。在本课程中我们选择 SPSS 20.0 作为统计分析应用试验活动的工具。

SPSS 软件在运行过程中会出现多个界面，各个界面用处不同。其中，最主要的界面有三个：数据编辑窗口、结果输出窗口和语句窗口。

1. 数据编辑窗口

启动 SPSS 后看到的第一个窗口便是数据编辑窗口，如图 5-1 所示。在数据编辑窗口中可以进行数据的录入、编辑以及变量属性的定义和编辑，是 SPSS 的基本界面，主要由以下几部分构成：标题栏、菜单栏、工具栏、编辑栏、变量名栏、观测序号、窗口切换标签、状态栏。

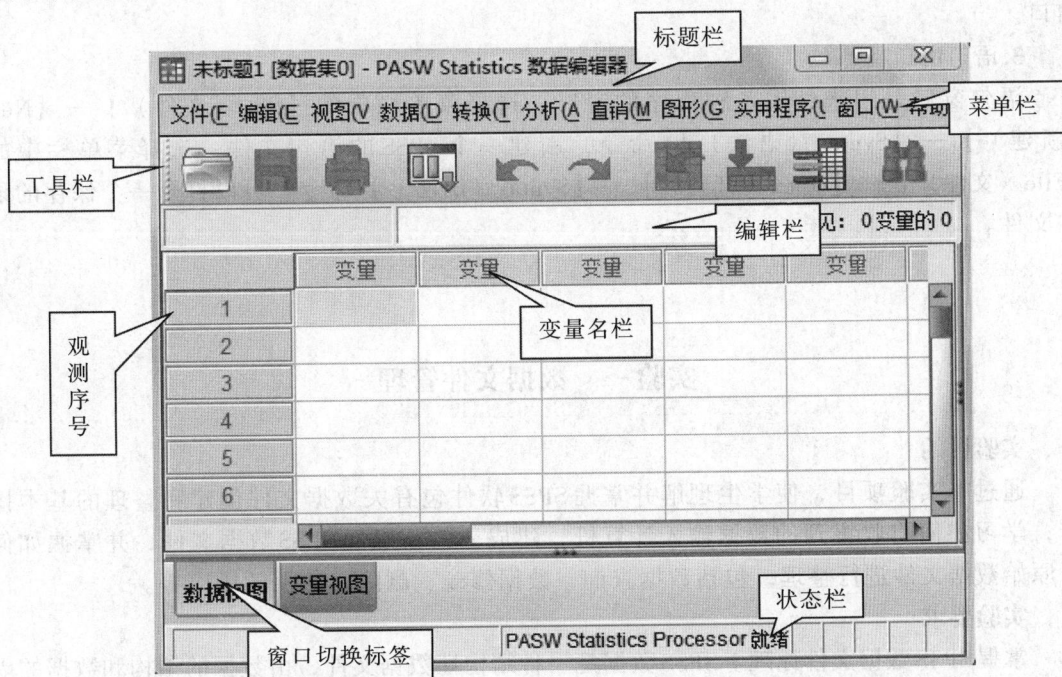

图 5-1　数据编辑窗口

◆标题栏：显示数据编辑的文件名。

◆菜单栏：通过对这些菜单的选择，用户可以进行几乎所有的SPSS操作。有关菜单的详细操作步骤将在后续实验内容中分别介绍。

为了方便用户操作，SPSS软件把菜单项中的常用命令放到了工具栏里。当鼠标停留在某个工具栏按钮上时，会自动跳出一个文本框，提示当前按钮的功能。另外，如果用户对系统预设的工具栏不满意，也可以用【视图】—【工具栏】—【设定】命令对工具栏按钮进行定义。

◆编辑栏：可以输入数据，以使它显示在内容区指定的方格里。

◆变量名栏：列出了数据文件所包含变量的变量名。

◆观测序号：列出了数据文件中的所有观测值。观测的个数通常与样本容量的大小一致。

◆窗口切换标签：用于"数据视图"和"变量视图"的切换，即数据浏览窗口与变量浏览窗口。数据浏览窗口用于样本数据的查看、录入和修改。变量浏览窗口用于变量属性定义的输入和修改。

◆状态栏：用于说明显示SPSS当前的运行状态。SPSS被打开时，将会显示"PASW Statistics Processor"的提示信息。

2.结果输出窗口

在SPSS中大多数统计分析结果都将以表和图的形式在结果观察窗口中显示。窗口右边部分显示统计分析结果，左边是导航窗口，用来显示输出结果的目录，可以通过单击目录来展开右边窗口中的统计分析结果。当用户对数据进行某项统计分析时，结果输出窗口将被自动调出。当然，用户也可以通过双击后缀名为.spo的SPSS输出结果文件来打开该窗口。

3.语句窗口

语句窗口是用来编辑各种程序的窗口。选择菜单栏中的【File（文件）】—【New（新建）】—【Syntax（语法）】命令，新建一个SPSS的语句文件。选择菜单栏中的【File（文件）】—【Open（打开）】—【Syntax（语法）】命令，可以打开一个保存的语句文件。

实验一　　数据文件管理

一、实验目的

通过本实验项目，使学生理解并掌握SPSS软件包有关数据文件创建和整理的基本操作，学习如何将收集到的数据输入计算机，建成一个正确的SPSS数据文件，并掌握如何对原始数据文件进行整理，包括数据查询，数据修改、删除，数据的排序等。

二、实验要求

掌握SPSS数据文件原理。SPSS数据是一种结构性数据文件，由数据的结构和数据的内容两部分构成，也可以说由变量和观测两部分构成。一个典型的SPSS数据文件见表5-1。

表 5-1　　　　　　　　　　　　　SPSS 数据文件结构

变量　姓名	性别	年龄	…
张三	1	45	…
李四	2	23	…
⋮	⋮	⋮	⋮
王五	2	45	…

（观测）　（数据内容）

SPSS 中的变量共有 10 个属性，分别是变量名（name）、变量类型（type）、长度（width）、小数点位置（decimals）、变量名标签（label）、变量名值标签（value）、缺失值（missing）、数据列的显示宽度（columns）、对齐方式（align）和度量尺度（measure）。定义一个变量至少要定义它的两个属性，即变量名和变量类型，其他属性可以暂时采用系统默认值，待以后分析过程如果有需要再对其进行设置。在 SPSS 数据编辑窗口中单击"变量视窗"标签，进入变量视窗界面（如图 5-2 所示）即可对变量的各个属性进行设置。

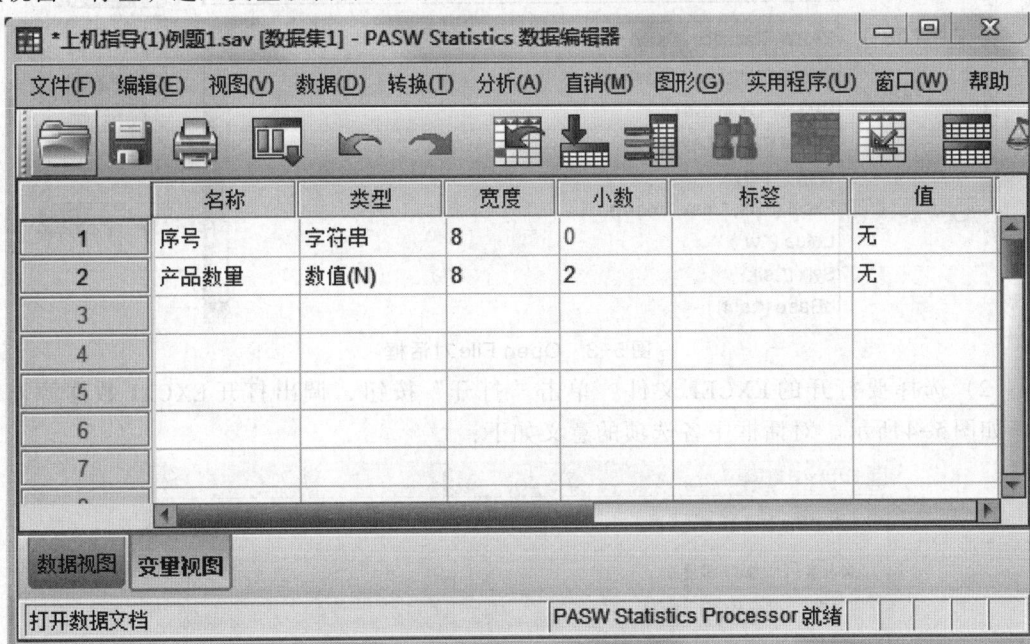

图 5-2　变量视窗

三、实验步骤

1.创建一个数据文件

数据文件的创建分成三个步骤：

（1）选择菜单【文件】—【新建】—【数据】新建一个数据文件，进入数据编辑窗口。窗口顶部标题为"PASW Statistics 数据编辑器"。

（2）单击左下角【变量视图】标签进入变量视图界面，根据实验的设计定义每个变量类型。

（3）变量定义完成以后，单击【数据视图】标签进入数据视窗界面，将每个具体的变量值录入数据库单元格内。

2.读取外部数据

当前版本的SPSS可以很容易地读取EXCEL数据，步骤如下：

（1）按【文件】—【打开】—【数据】的顺序使用菜单命令调出打开数据对话框，在文件类型下拉列表中选择数据文件，如图5-3所示。

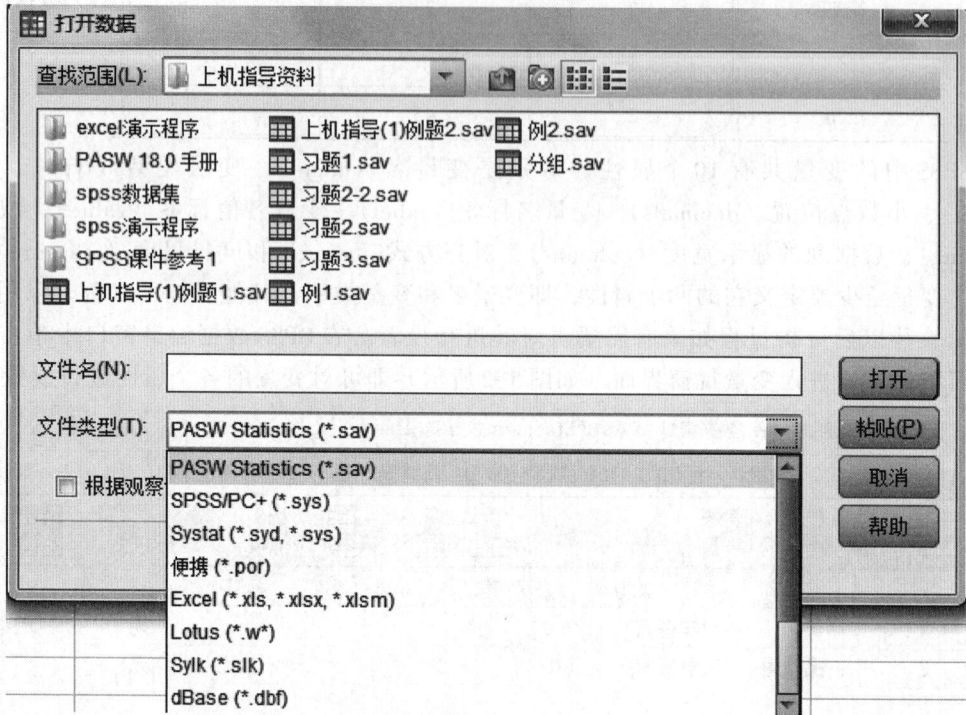

图5-3　Open File对话框

（2）选择要打开的EXCEL文件，单击"打开"按钮，调出打开EXCEL数据源对话框，如图5-4所示。对话框中各选项的意义如下：

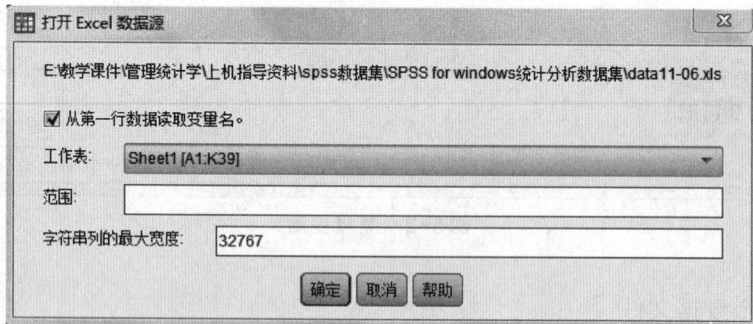

图5-4　Open Excel Data Source对话框

工作表下拉列表：选择被读取数据所在的EXCEL工作表。

范围输入框：用于限制被读取数据在EXCEL工作表中的位置。

3.数据编辑

在SPSS中，对数据进行基本编辑操作的功能集中在Edit和Data菜单中。

4.SPSS数据的保存

SPSS数据录入并编辑整理完成以后应及时保存，以防数据丢失。保存数据文件可以通过【文件】—【保存】或者【文件】—【另存为】菜单方式来执行。在数据保存对话框（如图5-5所示）中根据不同要求进行SPSS数据保存。

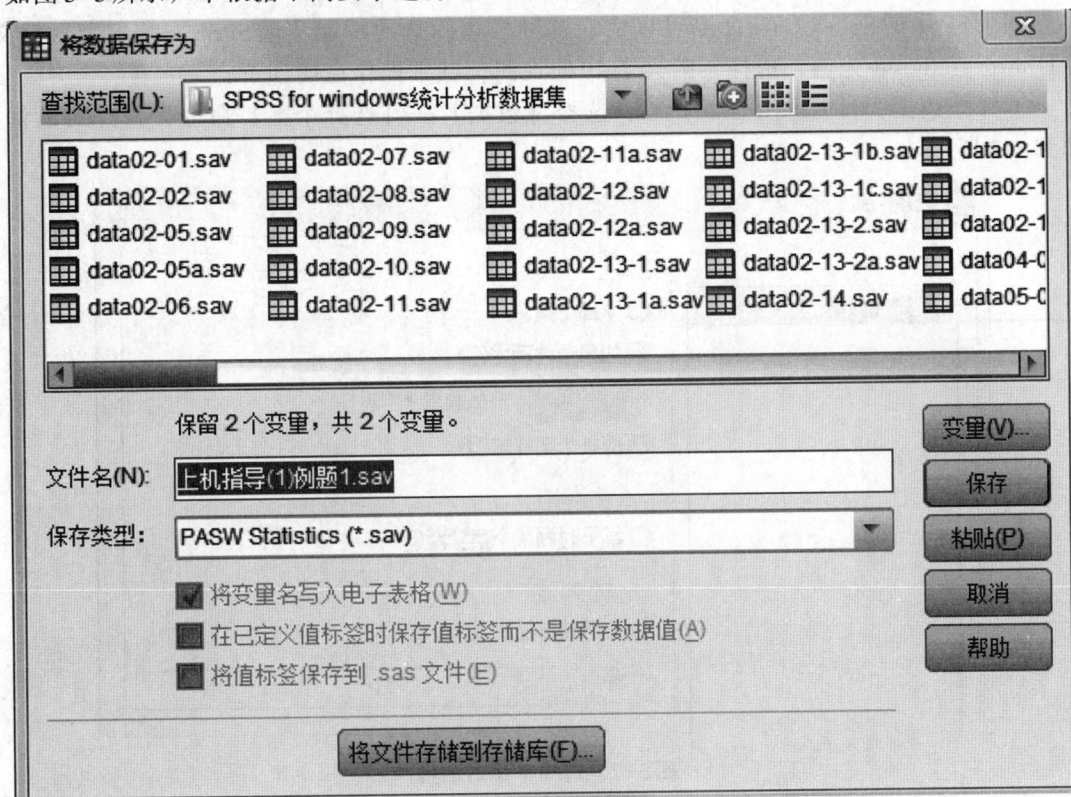

图5-5 SPSS数据的保存

5.数据整理

在SPSS中，数据整理的功能主要集中在【数据】和【转换】两个主菜单下。

（1）数据排序（Sort Case）

对数据按照某一个或多个变量的大小排序将有利于对数据的总体浏览，基本操作说明如下：选择菜单【数据】—【排列个案】，打开对话框，如图5-6所示。

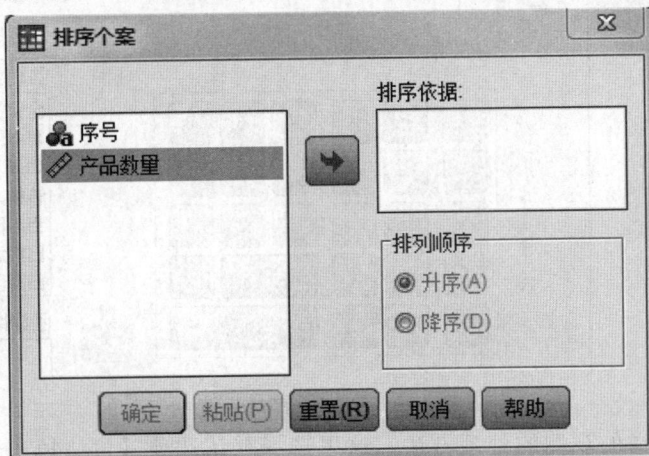

图5-6 排列个案对话框

（2）抽样（Select Case）

在统计分析中，有时不需要对所有的观测进行分析，而可能只对某些特定的对象有兴趣。利用 SPSS 的 Select Case 命令可以实现这种样本筛选的功能。以 SPSS 安装配套数据文件 Growth study.sav 为例，选择年龄大于 10 的观测，基本操作说明如下：

①打开数据文件 Growth study.sav，选择【数据】—【选择个案】命令，打开对话框，如图 5-7 所示。

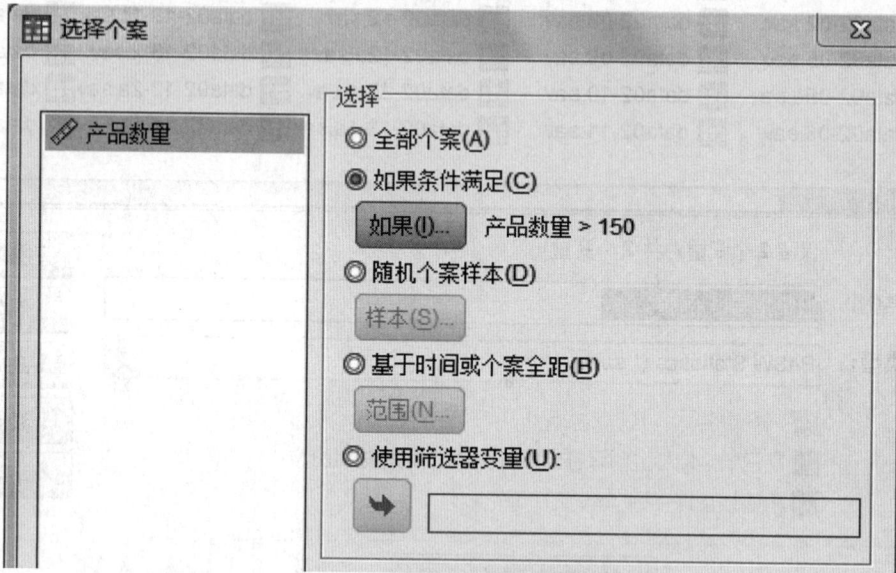

图 5-7　选择个案对话框

②指定抽样的方式：【全部个案】不进行筛选；【如果条件满足】按指定条件进行筛选。本例设置：产品数量>150，如图 5-8 所示。设置完成以后，点击 continue，进入下一步。

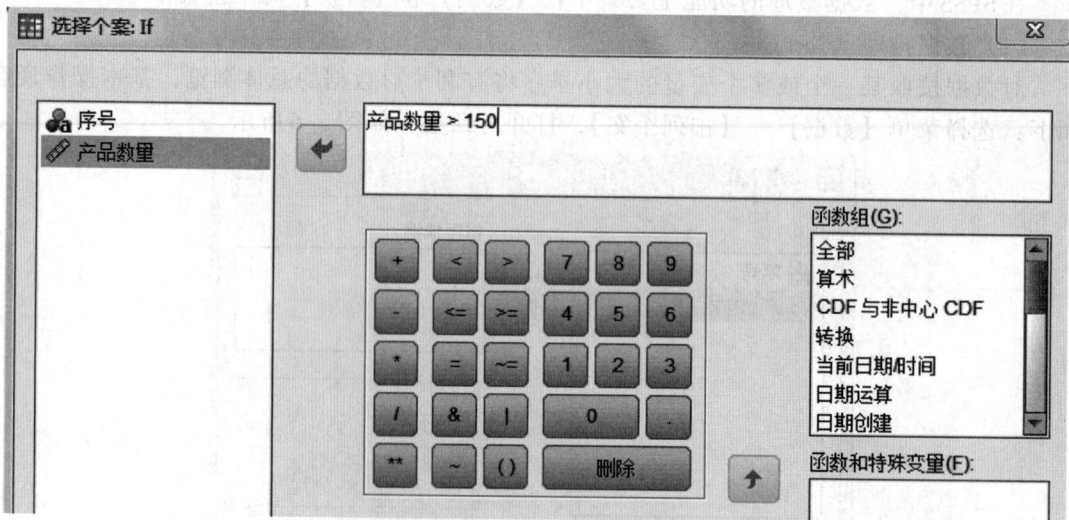

图 5-8　选择个案对话框

③确定未被选择的观测的处理方法，这里选择默认选项【过滤掉未选定的个案】。

④单击"确定"进行筛选，结果如图 5-9 所示。

	序号	产品数里	filter_$
1	1	160.00	1
2	10	150.00	0
3	11	162.00	1
4	12	156.00	1
5	13	179.00	1
6	14	179.00	1
7	15	151.00	1
8	16	157.00	1
9	17	154.00	1
10	18	179.00	1
11	19	148.00	0
12	2	170.00	1
13	20	156.00	1
14	3	181.00	1
15	4	156.00	1
16	5	176.00	1
17	6	148.00	0
18	7	198.00	1
19	8	179.00	1
20	9	162.00	1

图 5-9 选择个案的结果

（3）增加个案的数据合并（【合并文件】—【添加个案】）

将新数据文件中的观测合并到原数据文件中，在 SPSS 中实现数据文件纵向合并的方法如下：

选择菜单【数据】—【合并文件】—【添加个案】，如图 5-10 所示，选择需要追加的数据文件，单击打开按钮，弹出选择变量对话框，如图 5-11 所示。

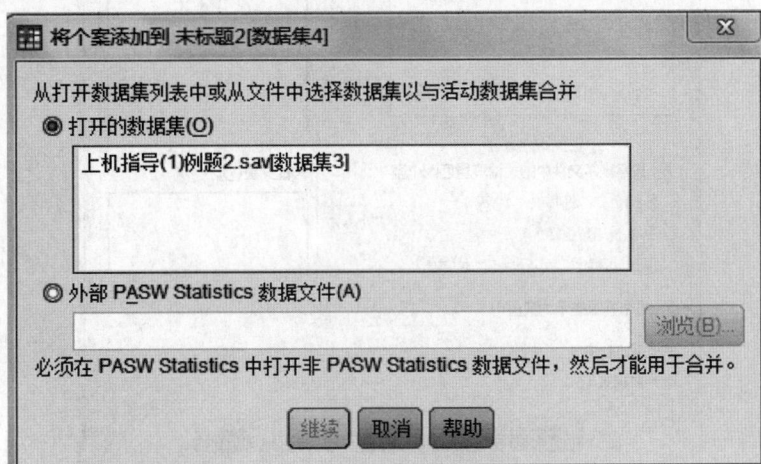

图 5-10 选择个体数据来源的文件

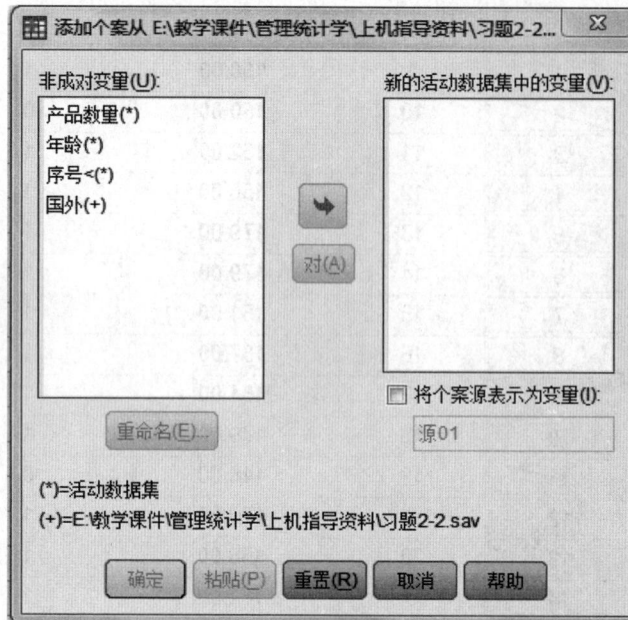

图5-11 选择变量对话框

（4）增加变量的数据合并（【合并文件】—【添加变量】）

增加变量时指把两个或多个数据文件实现横向对接。例如将不同课程的成绩文件进行合并，收集来的数据被放置在一个新的数据文件中。在SPSS中实现数据文件横向合并的方法如下：

选择菜单【数据】—【合并文件】—【添加变量】，选择合并的数据文件，单击"打开"，弹出添加变量对话框，如图5-12所示。

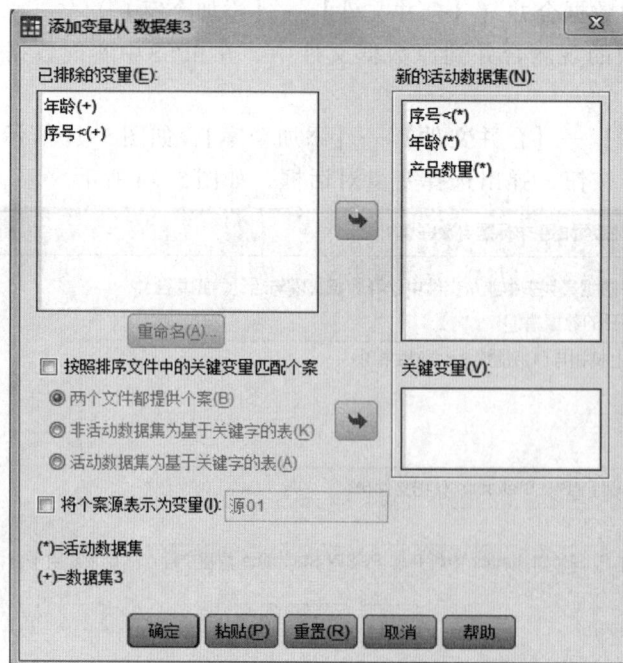

图5-12 添加变量对话框

单击"确定"执行合并命令。这样，两个数据文件将按观测的顺序一对一地横向合并。

（5）数据拆分（Split File）

在进行统计分析时，经常要对文件中的观测进行分组，然后按组分别进行分析。例如要求按性别不同分组。在SPSS中具体操作如下：

选择菜单【数据】—【分割文件】，打开对话框，如图5-13所示。

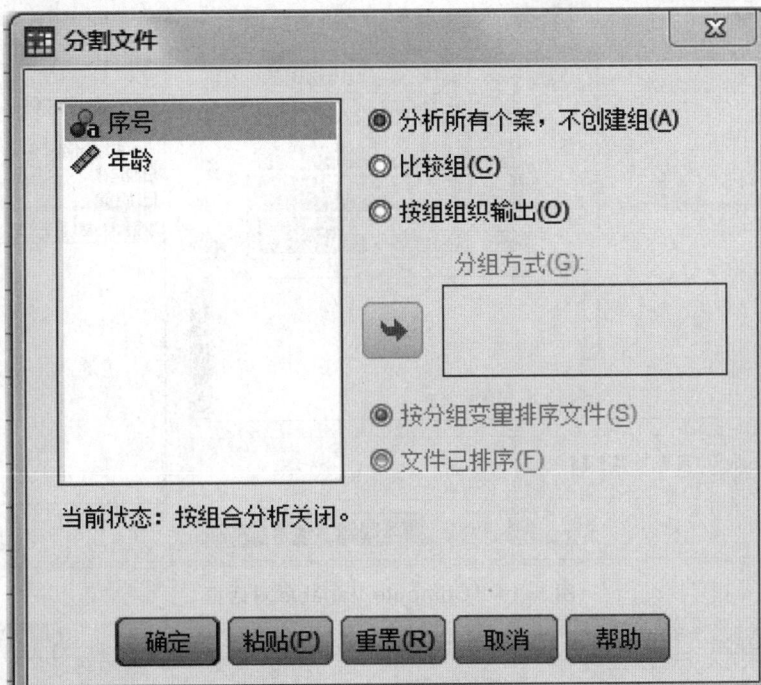

图 5-13　分割文件对话框

①选择拆分数据后，输出结果的排列方式，该对话框提供了3种方式：对全部观测进行分析，不进行拆分；在输出结果中将各组的分析结果放在一起进行比较；按组排列输出结果，即单独显示每一分组的分析结果。

②选择分组变量。

③选择数据的排序方式。

④单击"确定"按钮，执行操作。

（6）计算新变量

在对数据文件中的数据进行统计分析的过程中，为了更有效地处理数据和反映事务的本质，有时需要对数据文件中的变量加工产生新的变量。比如经常需要把几个变量加总或取加权平均数，SPSS中通过【计算】菜单命令来产生这样的新变量，其步骤如下：

选择菜单【转换】—【计算变量】，打开对话框，如图5-14所示。

①在目标变量输入框中输入生成的新变量的变量名。单击输入框下面类型与标签按钮，在跳出的对话框中可以对新变量的类型和标签进行设置。

②在数字表达式输入框中输入新变量的计算表达式。例如"年龄>20"。

③单击【如果】按钮，弹出子对话框，如图5-15所示，包含所有个体：对所有的观测进行计算；如果个案满足条件则包括：仅对满足条件的观测进行计算。

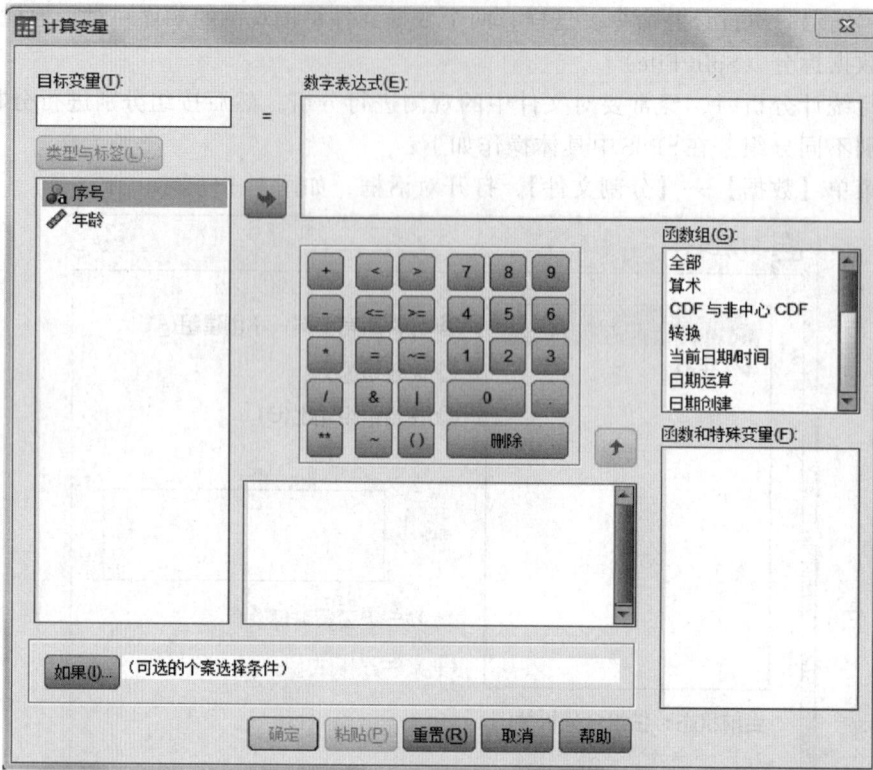

图5-14　Compute Variable对话框

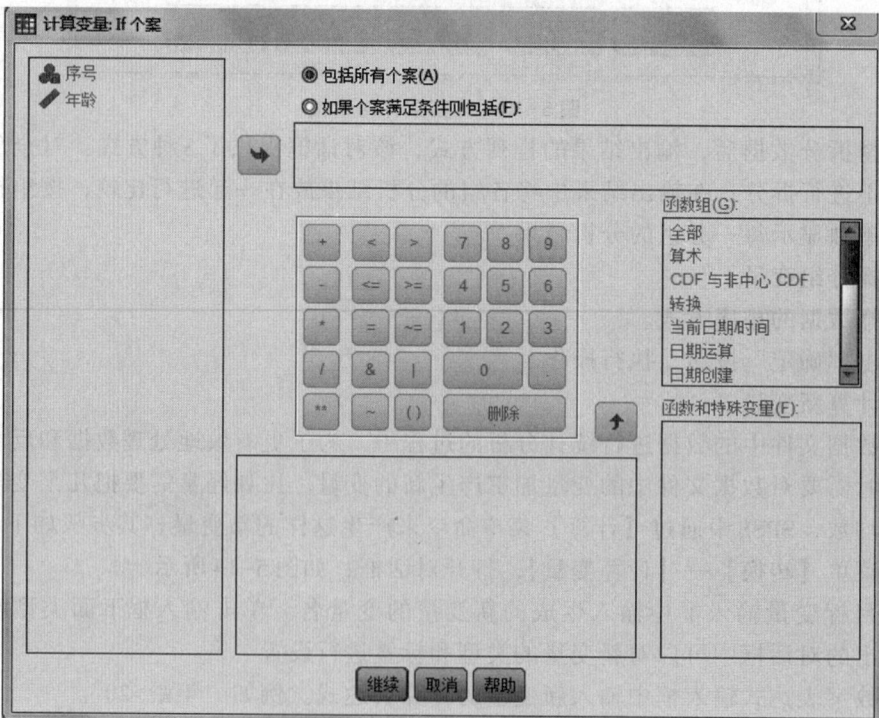

图5-15　"如果…"子对话框

④单击"确定"按钮，执行命令，则可以在数据文件中看到一个新生成的变量。

实验二　描述统计

一、实验目的

统计分析的目的在于研究总体特征。但是，由于各种各样的原因，我们能够得到的往往只能是从总体中随机抽取的一部分观察对象，它们构成了样本，只有通过对样本的研究，我们才能对总体的实际情况作出可能的推断。因此描述性统计分析是统计分析的第一步，做好这一步是正确进行统计推断的先决条件。通过描述性统计分析可以大致了解数据的分布类型和特点、数据分布的集中趋势和离散程度，或对数据进行初步的探索性分析（包括检查数据是否有错误，对数据分布特征和规律进行初步观察）。

本实验旨在：引导学生利用正确的统计方法对数据进行适当的整理和显示，描述并探索数据内在的数量规律，掌握统计思想，培养学生学习统计学的兴趣，为继续学习推断统计方法及应用各种统计方法解决实际问题打下必要而坚实的基础。

二、实验要求

1.掌握描述统计的原理。描述统计是统计分析的基础，它包括数据的收集、整理、显示，对数据中的有用信息进行提取和分析。

2.了解集中趋势的特征值：算术平均数、调和平均数、几何平均数、众数、中位数等。其中均数适用于正态分布和对称分布资料，中位数适用于所有分布类型的资料。

3.了解离散趋势的特征值：全距、内距、平均差、方差、标准差、标准误、离散系数等。其中标准差、方差适用于正态分布资料，标准误实际上反映了样本均数的波动程度。分布特征值：偏态系数、峰度系数，它们反映了数据偏离正态分布的程度。

三、实验步骤

下面给出的一个例题是来自SPSS软件自带的数据文件"Employee.data"，该文件包含某公司员工的工资、工龄、职业等变量，我们将利用此例题给出相关的描述统计说明。在本例中，我们将以员工的当前工资为例，计算该公司员工当前工资的一些描述统计量，如均值、频数、方差等描述统计量的计算。

1.频数分析（Frequencies）

基本统计分析往往从频数分析开始。通过频数分析能够了解变量取值的状况，对把握数据的分布特征是非常有用的。比如，在某项调查中，想要知道被调查者的性别分布状况。频数分析的第一个基本任务是编制频数分布表。SPSS中的频数分布表包括的内容有：

（1）频数（Frequency）即变量值落在某个区间中的次数。

（2）百分比（Percent）即各频数占总样本数的百分比。

（3）有效百分比（Valid Percent）即各频数占有效样本数的百分比。这里有效样本数=总样本−缺失样本数。

（4）累计百分比（Cumulative Percent）即各百分比逐级累加起来的结果。最终取值为百分之百。

频数分析的第二个基本任务是绘制统计图。统计图是一种最为直接的数据刻画方式，能够非常清晰直观地展示变量的取值状况。频数分析常用的统计图包括：条形图、饼图、直方图等。

SPSS频数分析的实现步骤如下：

选择菜单【文件】—【打开】—【数据】，在对话框中找到需要分析的数据文件"SPSS/Employee data"，然后选择"打开"。

选择菜单【分析】—【描述统计】—【频率】（如图5-16所示）。

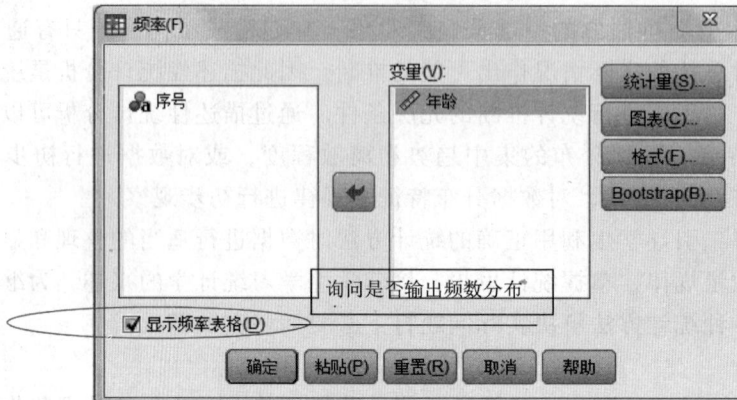

图 5-16　Frequencies 对话框

确定所要分析的变量，例如：年龄。

在变量选择确定之后，在同一窗口上，点击"Statistics"按钮，打开统计量对话框，如图5-17、图5-18所示，选择统计输出选项。

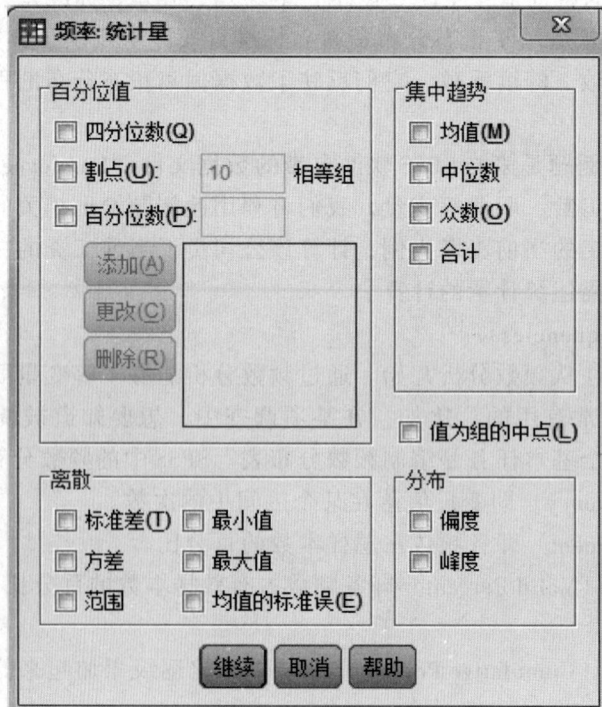

图 5-17　统计量子对话框

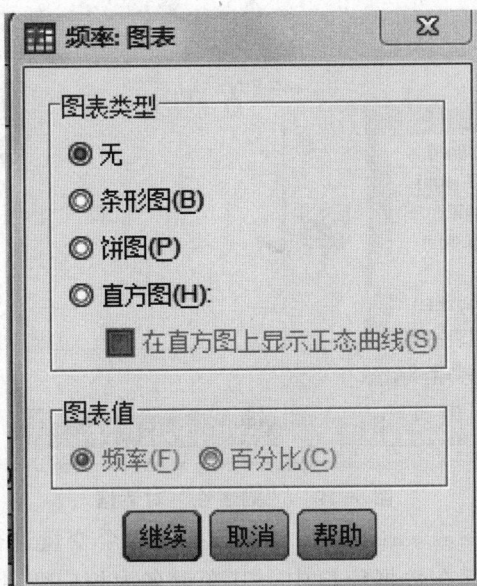

图5-18　Charts子对话框

结果输出与分析:

点击 Frequencies 对话框中的"确定"按钮,即得到表5-2和表5-3的结果。

表5-2　　　　　　　　　　　　　　　描述性统计量

Statistics

Gender

N	Valid	474
	Missing	0

表5-2中给出了总样本量(N),其中变量 Gender 的有效个数(Valid)为474个、缺失值(Missing)为0。

表5-3　　　　　　　　　　　　　　Gender 频数分布表

		Frequency	Percent	Valid Percent	Cumulative Percent
Valid	Female	216	45.6	45.6	45.6
	Male	258	54.4	54.4	100.0
	Total	474	100.0	100.0	

表5-3中,Frequency 是频数,Percent 是以总样本量为分母计算的百分比,Valid Percent 是以有效样本量为分母计算的百分比,Cumulative Percent 是累计百分比。

2.描述统计(Descriptives)

SPSS 的【描述】命令专门用于计算各种描述统计性统计量。本节利用某年国内上市公司的财务数据来介绍描述统计量在 SPSS 中的计算方法,具体操作步骤如下:

选择菜单【分析】—【描述统计】—【描述】,如图5-19所示。

将待分析的变量移入 Variables 列表框,例如将每股收益率、净资产收益率、资产负债率等变量进行描述性统计,以观察上市公司股权集中度情况和负债比率的高低。

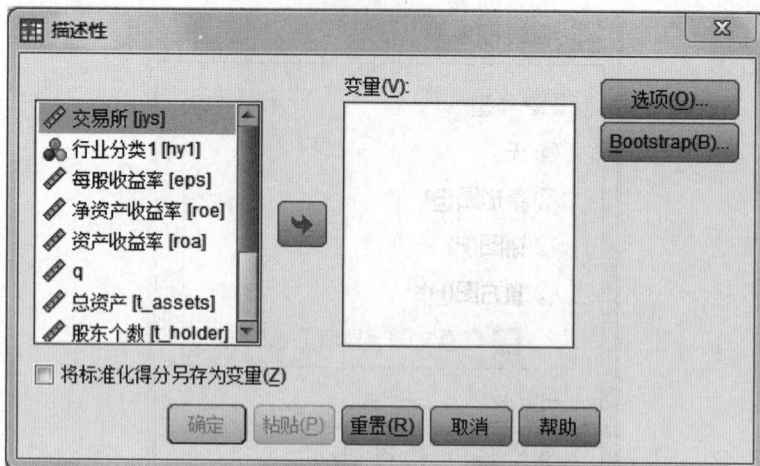

图 5-19　"描述性"对话框

Save standardized values as variables，对所选择的每个变量进行标准化处理，产生相应的 Z 分值，作为新变量保存在数据窗口中。其变量名为相应变量名前加前缀 z。标准化计算公式：

$$Z_i = \frac{x_i - \bar{x}}{S}$$

单击【选项】按钮，如图 5-20 所示，选择需要计算的描述统计量。各描述统计量同 Frequencies 命令中的 Statistics 子对话框中大部分相同，这里不再重复。

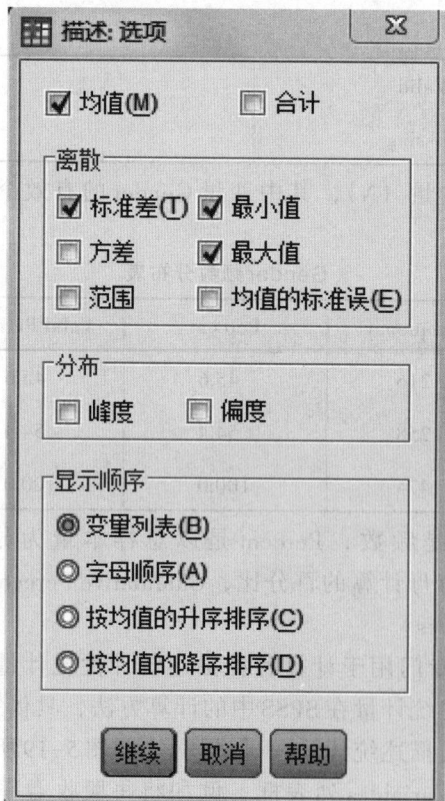

图 5-20　"选项"子对话框

在主对话框中单击"确定"执行操作。

结果输出与分析：在结果输出窗口中给出了所选变量的相应描述统计。

另外，从偏态和峰度指标看出，前两大股东持股比例之比的分布呈现比较明显的右偏，而且比较尖峭。为了验证这一结论，可以利用 Frequencies 命令画出变量 z 的直方图，如图 5-21 所示。

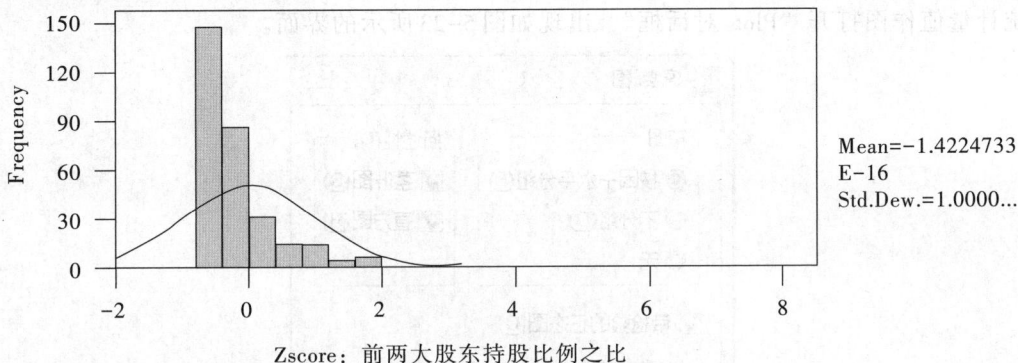

Mean=−1.4224733
E−16
Std.Dew.=1.0000...

Zscore：前两大股东持股比例之比

图 5-21　变量 Z 的直方图

3.探索分析（Explore）

调用此过程可对变量进行更为深入详尽的描述性统计分析，故称为探索分析。它在一般描述性统计指标的基础上，增加有关数据其他特征的文字与图形描述，从而显得更加细致与全面，对数据分析更进一步。

探索分析一般通过数据文件在分组与不分组的情况下获得常用统计量和图形。一般以图形方式输出，直观帮助研究者确定奇异值、影响点，还可以进行假设检验，以及确定研究者要使用的某种统计方式是否合适。

在打开的数据文件上，选择如下命令：选择菜单【分析】—【描述统计】—【探索】，打开对话框（如图 5-22 所示）。

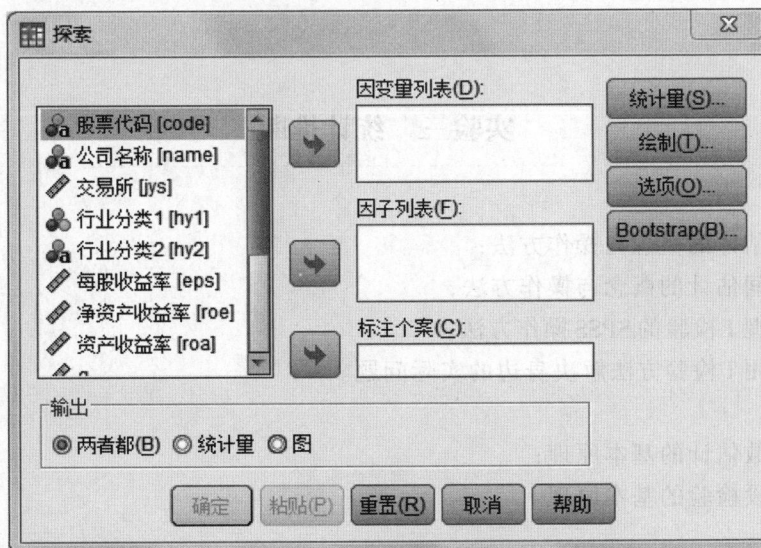

图 5-22　探索对话框

因变量列表：待分析的变量名称，例如将每股收益率作为研究变量。

因子列表：从源变量框中选择一个或多个变量进入因子列表，分组变量可以将数据按照该观察值进行分组分析。

标注个案：在源变量表中指定一个变量作为观察值的标识变量。

在输出栏中，选择【两者都】按钮，表示输出图形及描述统计量。

选择【统计量】按钮，选择想要计算的描述统计量。对所要计算的变量的频数分布及其统计量值作图打开"Plots对话框"，出现如图5-23所示的界面。

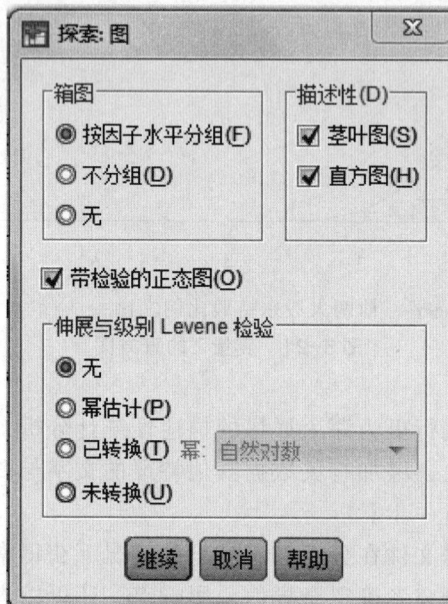

图5-23　探索图

结果的输出为：Case Processing Summary表、Descriptives表、职位员工薪水直方图、茎叶图、箱图等。

实验三　统计推断

一、实验目的

1.熟悉点估计的概念与操作方法；

2.熟悉区间估计的概念与操作方法；

3.熟练掌握T检验的SPSS操作方法；

4.学会利用T检验方法解决身边的实际问题。

二、实验要求

1.了解参数估计的基本原理；

2.了解假设检验的基本原理。

三、实验步骤

1.单个总体均值的区间估计

选择一组数据，进行区间估计，给定的置信度为95%。操作程序如下：

（1）打开SPSS，建立数据文件："调查.sav"。这里，研究变量为：time，即每天看电视的时间。

（2）选择区间估计选项，方法如下：选择菜单【分析】—【描述统计】—【探索】，打开Explore对话框。

（3）从源变量清单中将"time"变量移入Dependent List框中。

（4）单击上图右方的"统计量"按钮打开"探索：统计量"对话框。在设置均值的置信水平，输入95%，完成后单击"继续"按钮回到主窗口。

（5）返回主窗口点击ok运行操作。

2. 两个总体均值之差的区间估计

对男性和女性工资平均值之差进行估计

（1）打开SPSS，输入原始数据，建立数据文件："均值差别.spss"。这里，"性别"表示是否为工会会员的变量，y表示是男性，n表示女性，"报酬"表示报酬变量，单位：千美元。

（2）计算两总体均值之差的区间估计，采用"独立样本T检验"方法。选择菜单【分析】—【比较均值】—【独立样本T检验】，打开对话框，进行变量选择。

①从源变量清单中将"报酬"变量移入检验变量框，表示要求该变量均值的区间估计，如图5-24所示。

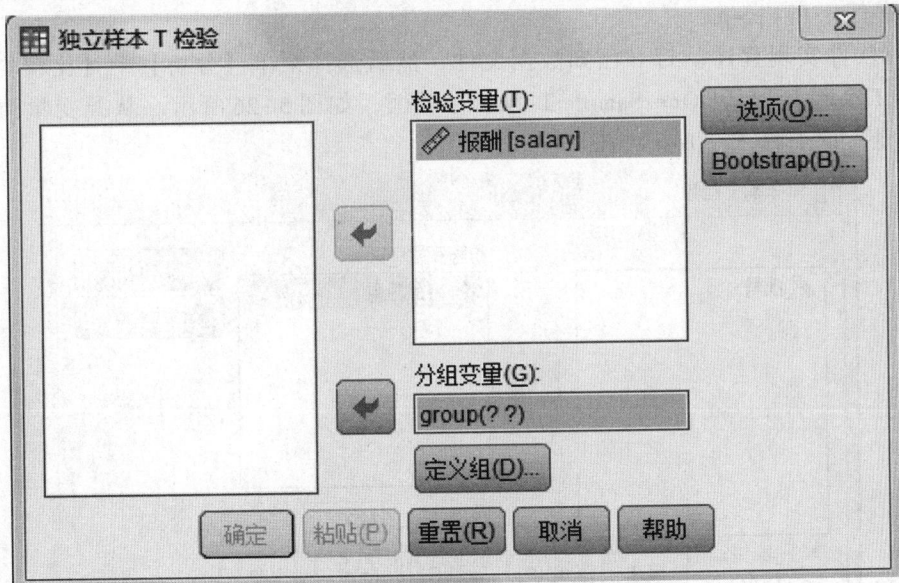

图5-24　独立样本T检验对话框

②从源变量清单中将"group"变量移入分组变量框，表示总体的分类变量。

③定义分组，单击定义组按钮，打开Define Groups对话框（如图5-25所示）。在组1中输入1，在组2中输入2（1表示非工会会员，2表示工会会员）。完成后单击"继续"按钮回到主窗口。

④单击"确定"按钮，输出结果Group Statistics（分组统计量）表，分别给出不同总体下的样本容量、均值、标准差和平均标准误。输出Independent Sample Test（独立样本T检验）表。

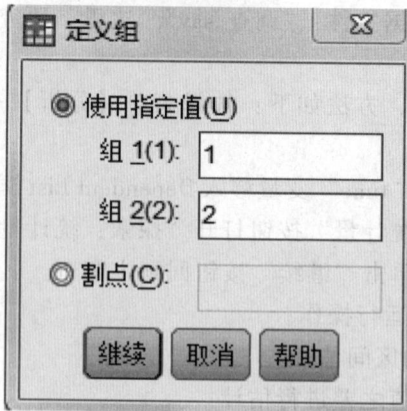

图 5-25　define groups 设置窗口

3.单个总体均值的假设检验（单样本 T 检验）

例子：某种品牌的沐浴肥皂制造程序的设计规格要求每批平均生产 120 块肥皂，高于或低于该数量均被认为是不合理的，在由 10 批产品所组成的一个样本中，每批肥皂的产量数据见数据文件"单样本 T 检验 .sav"，在 0.05 的显著水平下，检验该样本结果能否说明制造过程运行良好？

（1）判断检验类型。该例属于"大样本、总体标准差 σ 未知"。假设形式为：

H_0：$\mu = \mu_0$，H_1：$\mu \neq \mu_0$

（2）软件实现程序。打开已知数据文件，然后选择菜单【分析】—【比较均值】—【单样本 T 检验】，打开 One-Sample T-Test 对话框，如图 5-26 所示。从源变量清单中将"产品数量"向右移入"Test Variables"框。

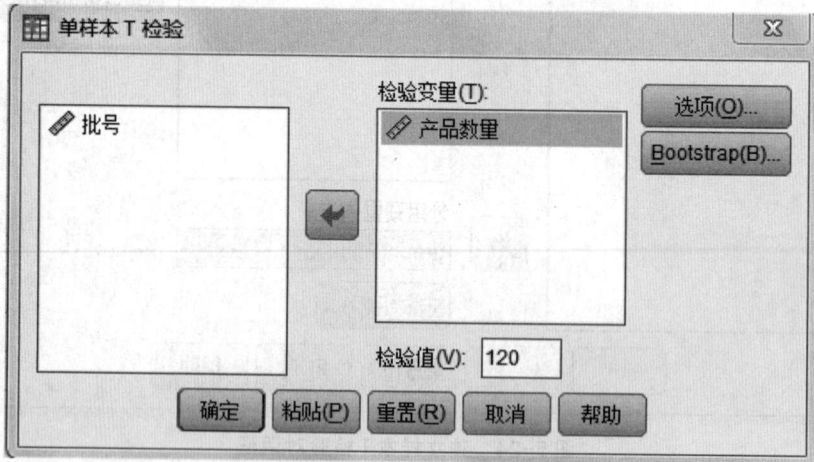

图 5-26　one-sample T-Test 窗口

在"Test Value"框里输入一个指定值（即假设检验值，本例中假设为 120），T 检验过程将对每个检验变量分别检验它们的平均值与这个指定数值相等的假设。

（3）"One-Sample T-Test"窗口中"Ok"按钮，输出结果"出结果 e-Sample T-Test"均值与（单个样本的统计量）表：分别给出样本的容量、均值、标准差和平均标准误。

实验四　相关分析与回归分析

一、实验目的

本实验项目的目的是学习并使用SPSS软件进行相关分析和回归分析，具体包括：

1.皮尔逊Pearson简单相关系数的计算与分析；

2.学会在SPSS上实现一元及多元回归模型的计算与检验；

3.学会回归模型的散点图与样本方程图形；

4.学会对所计算结果进行统计分析说明。

二、实验要求

在试验区，要了解回归分析的以下内容。

1.参数 α、β 的估计。

2.回归模型的检验方法：回归系数 β 的显著性检验（t-检验）；回归方程显著性检验（F-检验）。

3.掌握相关分析的统计学原理

相关分析使用某个指标来表明现象之间相互依存关系的密切程度。用来测量简单线性相关关系的系数是Pearson简单相关系数。

相关关系不等于因果关系，要明确因果关系必须借助回归分析。回归分析是研究两个变量或多个变量之间因果关系的统计方法。其基本思想是，在相关分析的基础上，对具有相关关系的两个或多个变量之间数量变化的一般关系进行测定，确立一个合适的数据模型，以便从一个已知量推断另一个未知量。回归分析的主要任务就是根据样本数据估计参数，建立回归模型，对参数和模型进行检验和判断，并进行预测等。

线性回归数学模型如下：

$$y_i = \beta_0 + \beta_1 x_{i1} + \beta_2 x_{i2} + \cdots + \beta_k x_{ik} + \varepsilon_i$$

在模型中，回归系数是未知的，可以在已有样本的基础上，使用最小二乘法对回归系数进行估计，得到如下的样本回归函数：

$$y_i = \hat{\beta}_0 + \hat{\beta}_1 x_{i1} + \hat{\beta}_2 x_{i2} + \cdots + \hat{\beta}_k x_{ik} + e_i$$

回归模型中的参数估计出来之后，还必须对其进行检验。如果通过检验发现模型有缺陷，那么必须回到模型的设定阶段或参数估计阶段，重新选择被解释变量和解释变量及其函数形式，或者对数据进行加工整理之后再次估计参数。回归模型的检验包括一级检验和二级检验。一级检验又称统计学检验，它是利用统计学的抽样理论来检验样本回归方程的可靠性，具体又可以分为拟和优度评价和显著性检验；二级检验又称经济计量学检验，它是对线性回归模型的假定条件能否得到满足进行检验，具体包括序列相关检验、异方差检验等。

三、实验步骤

1.连续变量简单相关系数的计算与分析

上市公司的财务分析，常常利用每股收益率、净资产收益率、资产收益率和托宾Q值4个指标来衡量公司经营绩效。本实验利用SPSS对这4个指标的相关性进行检验。操作步骤与过程：

（1）打开数据文件"上市公司财务数据（连续变量相关分析）.sav"，依次选择【分析】—【相关】—【双变量】打开对话框（如图5-27所示），将待分析的4个指标移入右边的变量列表框内。其他均可选择默认项，单击"确定"提交系统运行。

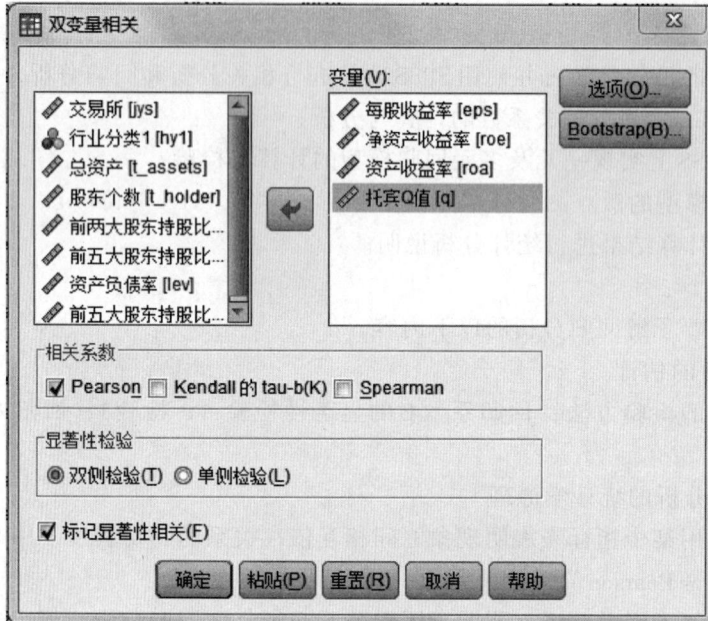

图5-27　Bivariate Correlations对话框

（2）结果分析：

结果可以给出Pearson简单相关系数，相关检验t统计量对应的p值。相关系数右上角有两个星号表示相关系数在0.01的显著性水平上显著。

2.一元线性回归分析

实例分析：家庭住房支出与年收入的回归模型。

在这个例子里，考虑家庭年收入对住房支出的影响，建立的模型如下：

$$y_i = \alpha + \beta x_i + \varepsilon_i$$

其中，y_i是住房支出，x_i是年收入。

线性回归分析的基本步骤及结果分析：

（1）绘制散点图。打开数据文件，选择【图形】—【旧对话框】—【散点/点状】，如图5-28所示。

选择简单分布，单击定义，打开子对话框，选择X变量和Y变量，如图5-29所示。单击Ok提交系统运行，结果如图5-30所示。从图上可直观地看出住房支出与年收入之间存在线性相关关系。

（2）简单相关分析。选择【分析】—【相关】—【双变量】，打开对话框，将变量"住房支出"与"年收入"移入variables列表框，点击"确定"运行，可以得到两变量之间的皮尔逊相关系数和双尾检验概率p值尾，并据此判断变量之间是否显著相关。根据住房支出与年收入之间的散点图与相关分析显示，住房支出与年收入之间存在显著正相关关系，在此前提下进一步进行回归分析，建立一元线性回归方程。

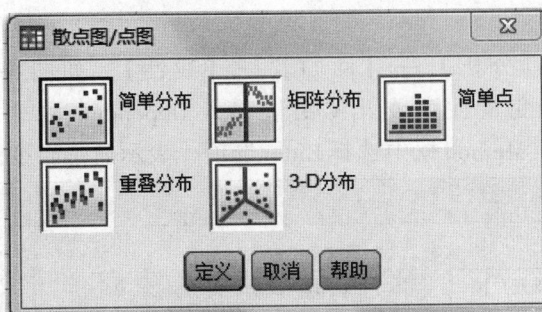

图 5-28　散点图对话框

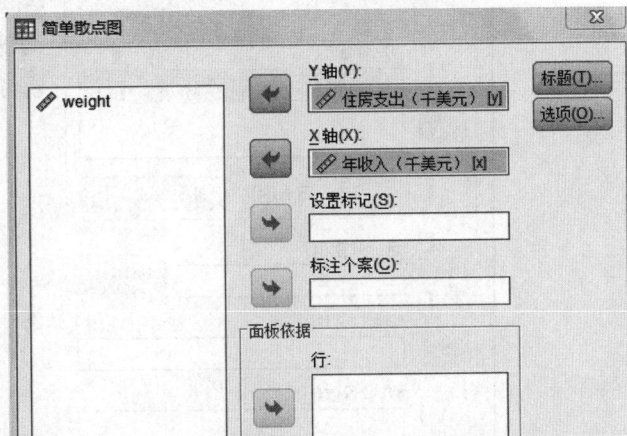

图 5-29　Simple Scatterplot 子对话框

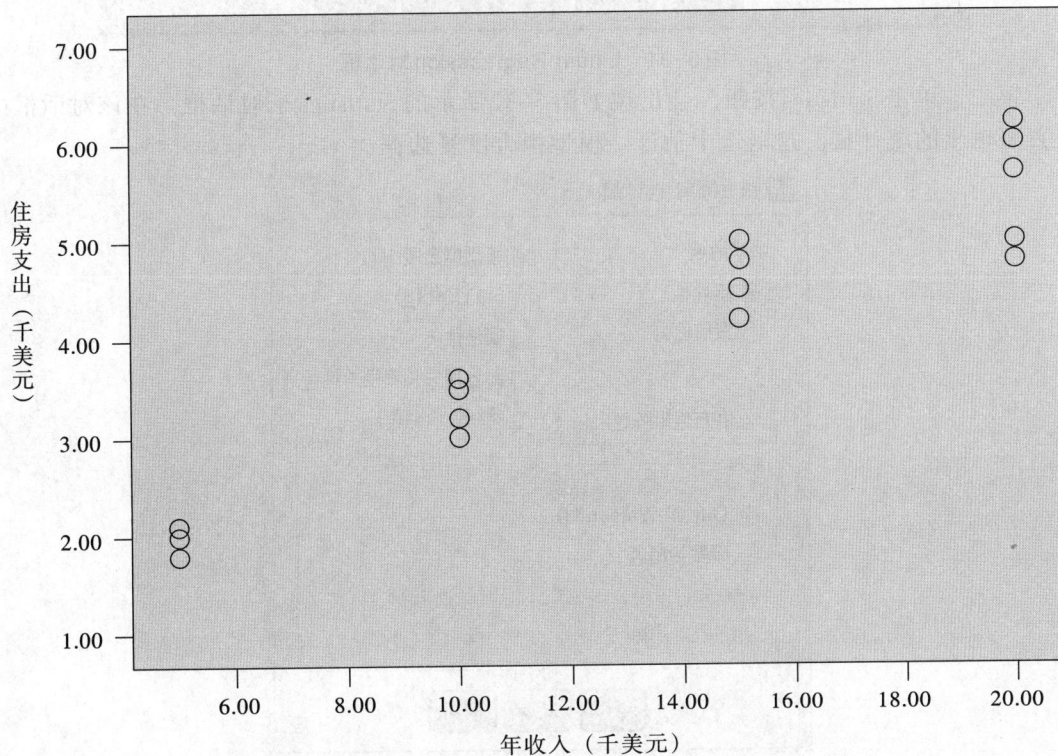

图 5-30　散点图

（3）线性回归分析。

第一，选择菜单【分析】—【回归】—【线性】，如图 5-31 所示，打开 Linear Regression 对话框。将变量住房支出 y 变量移入 Dependent 列表框，将年收入 x 移入 Independents 列表框。在 Method 框中选择 Enter 选项，表示所选自变量全部进入回归模型。

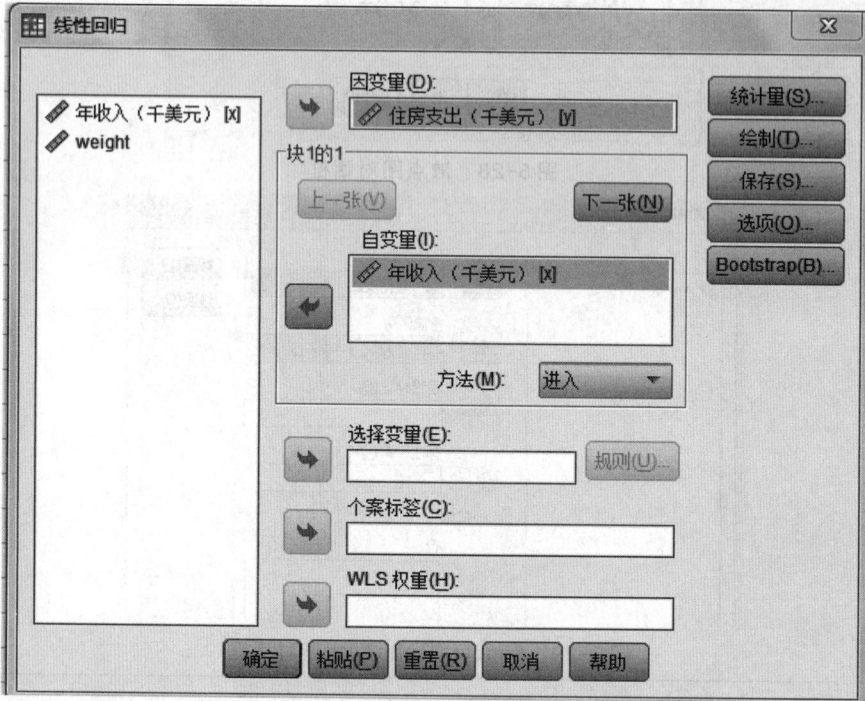

图 5-31　Linear Regresssion 对话框

第二，单击 Statistics 按钮，会出现如图 5-32 所示的 Statistics 子对话框。在该对话框中设置要输出的统计量。这里选中估计、模型拟合度复选框。

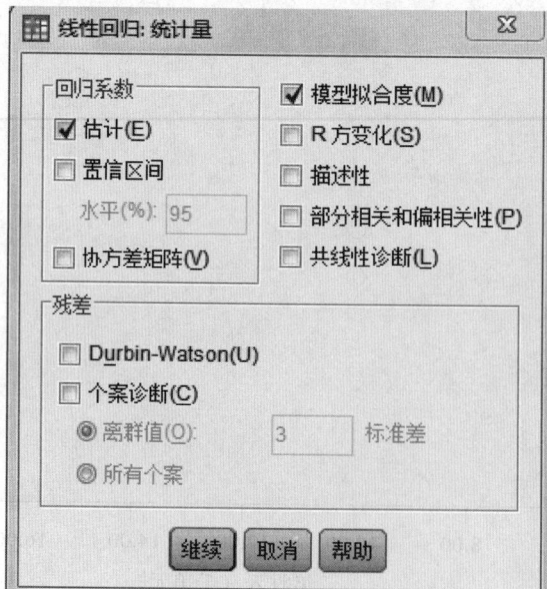

图 5-32　Statistics 子对话框

第三，单击绘制按钮，在Plots子对话框中的标准化残差图选项栏中选中正态概率图复选框，以便对残差的正态性进行分析（如图5-33所示）。

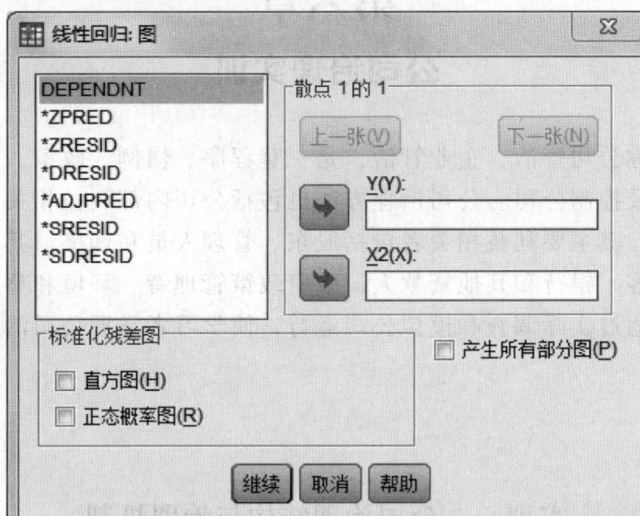

图5-33　Plots子对话框

第四，单击保存按钮，在Save子对话框"残差"选项栏选中"未标准化复选框"，这样可以在数据文件中生成一个变量名为res_1的残差变量，以便对残差进行进一步分析。其余保持SPSS默认选项。在主对话框中单击"确定"按钮，执行线性回归命令，其结果如下：

运行可以给出回归模型的拟和优度（R Square）、调整的拟和优度（Adjusted R Square）、估计标准差（Std. Error of the Estimate）以及Durbin-Watson统计量。可以算出F统计量及其对应的p值，并由此判断该模型是否显著。

运行还可以给出回归系数、回归系数的标准差、标准化的回归系数值以及各个回归系数的显著性t检验。

为了判断随机扰动项是否服从正态分布，需要观察标准化残差的P-P图，并据此可以判断残差是否服从正态分布。

第六章

公司治理实训

公司治理，又称公司管治、企业管治，是一套程序、惯例、政策、法律及机构，影响着如何带领、管理及控制公司。公司治理方法也包括公司内部利益相关者及公司治理的众多目标之间的关系。其主要利益相关者包括股东、管理人员和理事。其他利益相关者包括雇员、供应商、顾客、银行和其他贷款人、政府政策管理者、环境和整个社区。

公司治理实训通过实际调查和模拟公司运行，使学习者掌握公司治理结构，理解公司治理机制。

实训一　公司治理结构与治理机制

一、实训目的

1.增强对公司制度的认识；

2.了解公司治理结构及治理机制设计的基本原则与方法；

3.了解公司治理制度的演变对企业发展的影响。

二、实训要求

1.以小组为单位，每个小组选定一家具体公司作为研究对象；

2.通过实地调研和二手资料的收集，对该公司治理制度的发展演变过程进行系统梳理；

3.分析公司当前治理结构现状，包括公司股东的构成、股东大会的基本形式和运作机制、董事会和监事会的设置和运作、高层管理者的激励与约束机制等；

4.分析公司治理制度的演变对企业发展的影响作用。

三、实训步骤

1.根据调研结果撰写并提交案例分析报告；

2.根据研究报告内容制作PPT，并进行课堂展示与讨论；

3.教师根据案例分析报告质量及课堂展示情况评定小组成绩。

实训二　家族企业治理模式的选择

一、实训目的

1.了解当前家族企业的主要治理模式；

2.探讨家族企业传承和可持续发展的有效路径。

二、实训要求

1.通过文献资料的查阅和整理，对目前家族企业治理的主要模式进行归纳与分析；

2.每个小组选定一家具体的家族企业作为研究分析对象，通过实地调研和收集相关资料，研究该企业目前采用的治理模式；

3.对现有治理模式所取得的成效及尚存问题进行分析；

4.探讨有利于家族企业传承与可持续发展的有效治理模式。

三、实训步骤

1.根据调研结果撰写并提交案例分析报告；

2.根据研究报告内容制作PPT，并进行课堂展示与讨论；

3.教师根据案例分析报告质量及课堂展示情况评定小组成绩。

第七章
供应链与物流管理实验

供应链与物流管理是工商管理专业的一门重要专业基础课，设置本课程的目的是使学生掌握物流管理的基本理论与方法，包括供应链管理、物流采购方法与策略、库存控制方法与策略、运输方式及其选择、配送方法与策略，以及物流信息管理方法等。本课程的教学目标和任务在于培养学生建立起企业物流运作管理系统化和整体化概念，结合物流管理前沿应用案例使学生能够正确理解物流管理基本理论、基本原理和一般方法，并能综合运用于企业物流问题的分析，从而使学生具备解决一般工业企业和商业企业供应链与物流管理问题的能力。

供应链与物流管理实验与实训旨在为学生创造一个接近现实的教学实践模拟课程体系，为教师提供多种辅助教学手段；通过模拟和实训，使学生掌握相关的实际操作流程，以便为将来从事实际供应链和物流管理工作奠定基础；培养学生的创造能力，学会在项目实践中发现问题、概括问题、解决问题的综合实力，提升学生的综合就业能力。

实验一　仓储出入库管理流程软件模拟

一、实验目的

熟悉仓库入库、在库、出库的管理流程。

二、实验要求

1.硬件方面：工业级无线基站、货架、托盘、堆垛机、货架等；

2.软件方面：Logis物流教学管理平台、第三方物流软件、国际物流软件；

3.提前学习第三方物流管理的流程，配合物流实验室设备，熟悉仓库入库、在库、出库的管理流程，注意实验室设备的运行状况。

三、实验步骤

1.以客服人员的身份接受客户以某种方式发出的入库指令，生成入库订单，并转换成作业计划单；

2.以客服人员的身份接受客户订单发出的出库指令，生成出库订单，并将其转换成作业计划单；

3.根据操作流程材料进行成绩评定。

实验二　运输管理流程软件模拟

一、实验目的

熟悉物流企业为客户提供运输服务的流程。

二、实验要求

1.掌握物流综合分析软件、第三方物流软件，熟悉交通运输常识；

2.熟悉第三方物流管理的流程，熟悉物流企业为客户提供运输服务的流程，注意分析软件运行过程中的各种错误以便更好地理解运输管理流程。

三、实验步骤

1.针对每笔运单指令，合理安排路径和运力，以求又快又经济地完成运输和配送作业；

2.完成运单的签收、查询工作；

3.根据操作流程材料（详细的操作记录）和完成速度进行成绩评定。

实验三　物流运输规划3D模拟

一、实验目的

物流运输规划3D模拟运行系统通过建立一个模拟出来的环境来运行车辆，以检验实验人员设计的运输方案是否合理。

二、实验要求

熟悉物流运输规划3D模拟运行系统。

三、实验内容及步骤

1.根据路线设定合理参数；

2.发布物流运输任务；

3.导入方案；

4.统计数据。

实验四　供应链管理——生产制造

一、实验目的

通过对生产制造企业的供应链管理过程进行模拟，让学生熟悉生产企业供应链管理中的一些流程和成本控制。

二、实验要求

熟悉供应链管理的相关流程，按照流程进行操作。

三、实验步骤

1.简要介绍供应链管理软件。

在浏览器的地址栏中输入：http://localhost/Auth/Login ，回车进入"供应链管理综合实训平台 V2.1 系统"登录界面（如图7-1所示）。

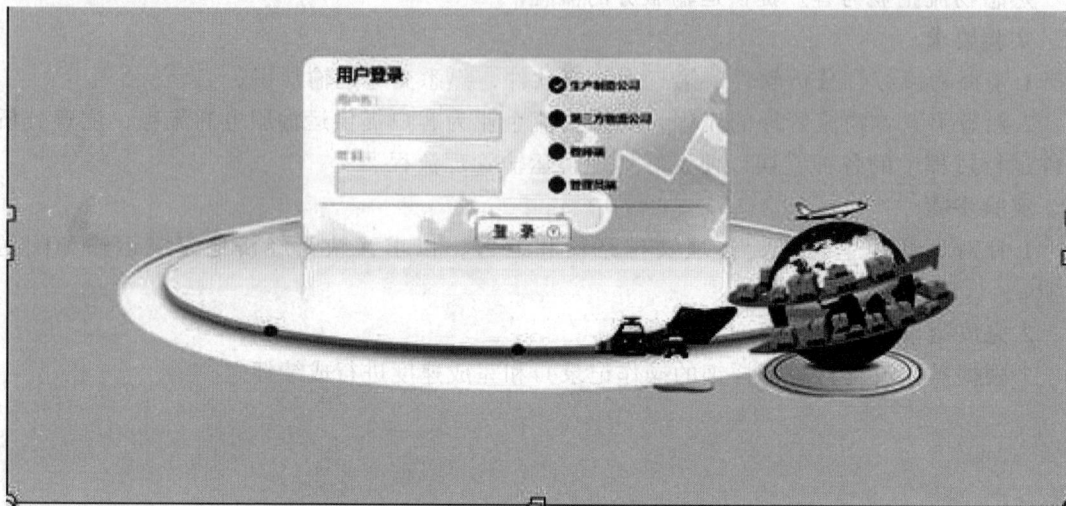

图7-1　供应链管理综合实训平台V2.1系统登录界面

2.教师端由之前管理员端设定的默认账号和密码是：teacher/111，在登录类型选择"教师"选项即可进入教师端子系统操作界面。教师端管理界面如图7-2所示。

图7-2　教师端管理界面

3.学生分成若干小组，每个小组设总经理、财务经理、采购加工经理、运输配送经理、仓储管理经理5个角色。

"学生端-生产制造"由教师设定账号和密码为：sc1/111、sc2/111，登录类型选择

"学生端–生产制造"选项即可进入系统生产制造操作界面。生产制造界面包含个人信息、公司员工信息、银行、人才市场、产成品出售、原材料供应、信息交流、物流信息、公司信息（可查看贷款、市场、厂房、生产线、原材料仓库、产成品仓库、原材料、产成品、原材料竞标、订单竞标、合同）、流程工具箱（申请贷款、市场开拓、厂房购置、生产线购置、原材料仓库购置、产成品仓库购置、人员解聘、紧急贷款、原材料入库、产成品入库、产成品运输交货、原材料清仓、产成品清仓、应收款）、日程安排、现金明细、消息提示、修改信息。生产制造系统功能模块界面如图7–3所示。

图7–3 生产制造系统功能模块界面

4.各组学生分别担任不同角色，按序号完成软件平台的流程。具体流程见表7–1。

表7–1 生产制造商运行流程表

序号	流程名称	执行者
1	公司选址建设	总经理
2	期初总经费/上期剩余总经费	财务经理
3	支付企业所得税	财务经理
4	公司战略规划	总经理
5	更新贷款/还本付息	财务经理
6	申请贷款（长期/短期/紧急融资）	财务经理
7	人员盘点/招聘培训/更新人员	总经理
8	市场开拓–进入	总经理/财务经理
9	生产地厂房配置（购置/租赁）	仓储管理经理/财务经理
10	生产地生产线购置	仓储管理经理/财务经理
11	生产地仓库配置（材料仓库/产品仓库）	仓储管理经理/财务经理
12	参加原材料竞单–装货费	采购加工经理/财务经理
13	参加产成品竞单–接受预付款	运输配送经理/财务经理
14	联系第三方物流签订物流合同	运输配送经理
15	原材料运输–运输更新/支付运输费	总经理/财务经理
16	原料入库–支付卸货费产品	采购加工经理

续表

序号	流程名称	执行者
17	加工与生产/更新/入库	仓储管理经理
18	产品包装	运输配送经理/总经理
19	联系第三方物流签订物流合同	运输配送经理
20	产品交货-接收货款/接收剩余货款	运输配送经理/财务经理
21	接收回付款-进入应收款/更新-到账	财务经理
22	应收款贴现-支付贴现费（随时）	财务经理
23	支付薪酬-人员辞退	总经理/财务经理
24	产品库存处理/产品破损处理	仓储管理经理/财务经理
25	固定资产维护	仓储管理经理/财务经理
26	固定资产折旧	仓储管理经理
27	固定资产出售/退租	财务经理
28	支付违约金/公司管理费	财务经理
29	月末总经费支出	财务经理
30	月末剩余总经费	财务经理
31	关账-结算	财务经理
32	企业品牌价值	总经理
33	总评比	总经理

5.教师根据完成情况进行评价。

实验五 供应链管理——第三方物流

一、实验目的

通过对生产制造企业的供应链管理过程模拟，让学生熟悉供应链管理中的第三方物流流程和成本控制。

二、实验要求

熟悉与第三方物流相关的流程，按照流程进行操作。

三、实验步骤

"学生端-物流"由教师设定的账号和密码为：wl1/111，登录类型选择"学生端-物流"选项即可进入系统物流操作界面。物流界面包含个人信息、公司员工信息、银行、人才市场、信息平台、生产制造、公司信息（查看贷款、查看配送中心、查看运输工具、查看信息化配置、查看配送中心货物、查看运输工具货物、查看运输进度、查看合同）、流程工具箱（申请贷款、配送中心购置、运输工具购置、信息化升级、人员解聘、紧急贷款、应收款）、日程安排、全国路线、现金明细、消息提示、修改信息。物流界面如图7-4所示。

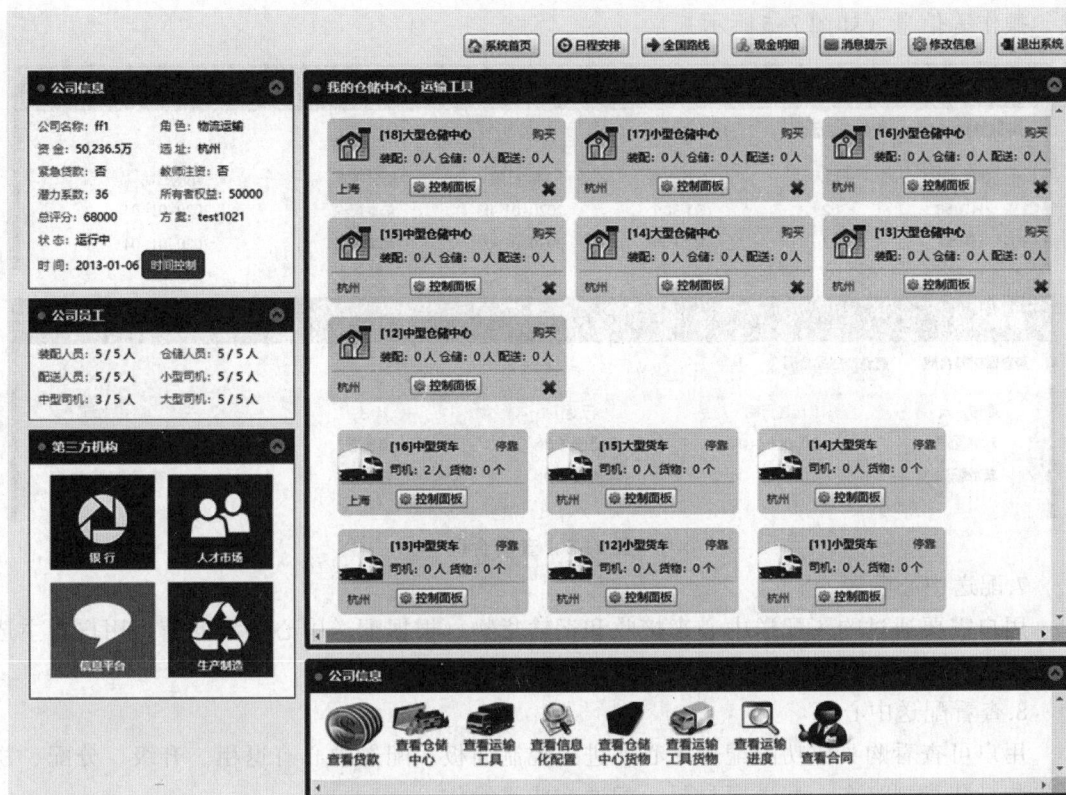

图7-4　物流界面

1.修改基础信息

点击"会员动态"系统，初次使用需先在修改信息里对公司进行选址，选址信息包含会员名称、公司选址、会员密码、公司名字、总经理、财务经理、采购生产经理、物流管理经理。

2.设置个人信息

个人信息：个人信息用来显示用户的基本信息，方便用户明白现状。个人信息包含会员名称、角色、资金、选址、紧急贷款、教师注资、潜力系数、所有者权益、总评分、方案、状态、时间。

3.设置公司员工信息

公司员工信息页面包含装配人员数量、仓储人员数量、配送司机数量、小型司机数量、中型司机数量、大型司机数量。

4.人才市场

公司要根据价格和需要的工人进行人才招聘。

5.人员解聘

公司根据实际需求动态进行人员解聘，解聘需要付出成本。

6.查看合同

点击"查看合同"会出现所有的合同列表，包含合同编号、物流公司、货物类型、货物名称、货物数量、合同库存、已取数量、已交数量、取货地点、到达地点、状态、完成、操作等信息（如图 7-5 所示）。

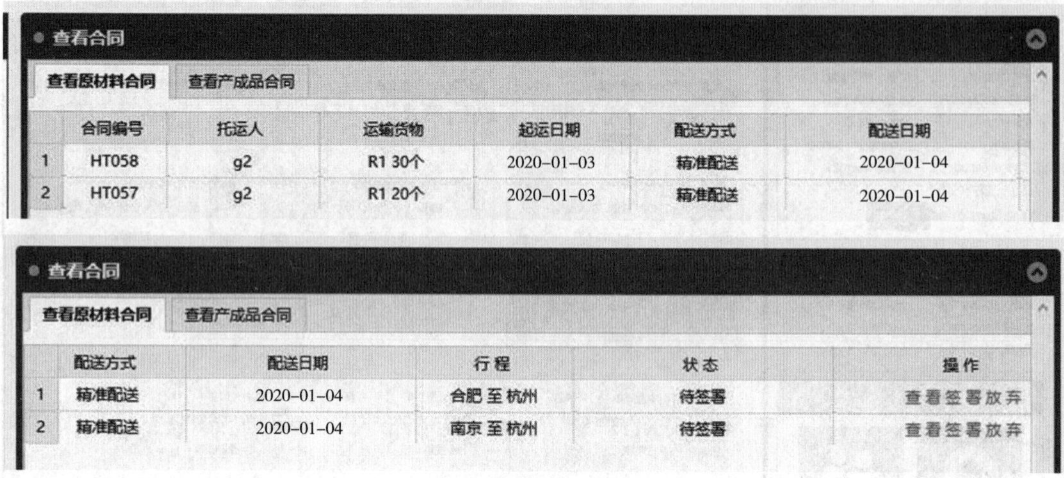

图 7-5 查看合同

7.配送中心购置

用户需要通过购买配送中心来接收和运输货物，根据配送中心购置的信息用户自主选择需要的配送中心类型、购买方式与数量。

8.查看配送中心

用户可查看购买成功的配送中心。进入控制面板，配送中心有退租、升级、分配、物流包装、装货到汽车、配送原材料、配送产成品操作。

9.运输工具购置

根据运输工具的购置信息，用户自主选择需要的所属城市的货车类型来选择购买数量。

10.查看运输工具

用户可通过查看运输工具来看所购买成功的货车信息，可对货车进行出售、分配、出发、卸货到配送中心、取原材料货物、取产成品货物等操作。

11.信息化升级

信息化升级包括是否安装 GPS、RFID 等。

12.查看信息化升级配置

用户可通过点击"查看信息化升级配置"来查看信息化升级的编号、信息化升级名称、升级费用、升级月数、剩余月数、开始时间、操作等详细信息。

13.时间控制

为模拟时间变化所产生的物流费用，用户可以在"个人信息"中的"时间控制"进行时间跳转，点击"时间控制"按钮会出现时间控制界面（如图 7-6 所示）。

在时间跳转的选项中选择要跳转到的时间（不能跨月跳转），点击确定会出现一个跳转到下一天操作的信息，让用户清楚知道例如仓储中心的租金扣多少，信息化升级的进程，货车的信息等情况。

14.查看配送中心货物

用户可通过点击"查看配送中心货物"来查看仓储中心的货物类型、名称、数量、破损率、流通加工、物流包装、体积、重量等详细信息。

图7-6　时间控制界面

15.查看运输工具货物

用户可通过点击"查看运输工具货物"来查看货车上的货物类型、名称、数量、破损率、流通加工、物流包装、体积、重量等详细信息。

16.查看运输进度

用户点击"公司信息"中的"查看运输进度"，可以查看行驶中的车辆的名称、驾驶员数量、起始地、目的地、剩余天数、遭遇危险情况、携带货物等详细信息。

17.申请贷款

物流公司出现资金不够的情况可以申请贷款，申请贷款有短期贷款和长期贷款两种类型。在贷款额度已满的情况下，用户可以点击"紧急贷款"，会出现紧急贷款界面，紧急贷款利息较高。

18.查看贷款

用户点击"查看贷款"，会出现用户的贷款列表。

19.应收款及现金

用户点击"应收款"会有应收款列表，再点击"现金明细"可以随时查看每一笔的收入与支出。

第八章

质量管理实训

本实训是公共管理专业的选修课。本实训的教学，要使学生较系统地了解现代企业质量管理的理论和方法：熟悉 ISO 9000 质量体系认证标准内容及质量认证程序；掌握统计技术在质量管理中的应用；具有初步理论研究和较强实际应用的能力。

实训在本课程中具有十分重要的地位。通过实训帮助学生掌握相应的概念和理论，并学会运用概念和理论解决实际问题。最终实现提高学生分析和解决问题能力的目标。

实训一　质量管理八大原则

一、实训目的
让学生掌握质量管理八大原则。

二、实训要求
学过教科书上关于质量管理的基本概念、质量管理八大原则的有关内容。

三、实训步骤
1. 教师讲授质量管理八大原则的内容；
2. 学生 5～6 人分组，根据质量管理八大原则搜集企业质量管理案例；
3. 学生在课堂上分享案例；
4. 学生撰写一篇有关学习质量管理八大原则的心得体会。

实训二　直方图制作法

一、实训目的
学会制作直方图。

二、实训要求
1. 学过教科书上有关直方图的基本知识。
2. 写出各步骤和结果，最后画出直方图，注意选取合理的组数。

三、实训步骤
1. 给出实训材料和原始数据；
2. 找出最大值和最小值；
3. 确定组数；
4. 确定组距；
5. 确定各组的组界；

6.确定各组的频数；

7.制作直方图。

实训三　控制图制作法

一、实训目的
学会制作控制图。

二、实训要求
1.学过教科书上关于控制图的基本知识。

2.写出计算过程和作图步骤。

三、实训步骤
1.给出实验原始材料；

2.计算控制图的控制限；

3.绘制控制图；

4.描点；

5.判断稳定性。

实训四　六西格玛管理实训

一、实训目的
学生掌握六西格玛管理方法的原理、特点。

二、实训要求
1.学过教科书上关于质量管理的基本理论、六西格玛管理的有关内容。

2.基于六西格玛管理的理论知识，写出关于案例《通用电气公司中的六西格玛应用》的研究报告。

三、实训步骤
1.教师介绍六西格玛管理方法概念；

2.学生阅读学习案例《通用电气公司中的六西格玛应用》；

3.学生5~6人分组，根据案例讨论通用电气公司是如何进行六西格玛管理的。

第九章
管理沟通实训

管理沟通是工商管理的一门重要课程，管理沟通除了要学习相关理论外，实训在管理沟通的学习过程中尤为重要。本章设计了4个实训，基本从不同方面来培养学生的管理沟通能力。

实训一　自我认知和接受反馈训练

一、实训目的

人对自我的认知往往存在着"约哈里窗户理论"所揭示的盲区，本项目的练习目的，在于通过对自我认知和接受反馈的训练，解除强加在自己身上的障碍，接收反馈信息，以信息共享方式精确认识自我形象和知觉偏差。

二、实训要求

1.教师在学生分组的时候注意人员的搭配，组内成员最好相互比较熟悉。

2.小组训练的时间控制在20分钟，讨论的时间控制在10分钟，然后请每个小组推举一位成员把本小组的训练情况和讨论结果向大家进行汇报。

3.教师最后针对如何接触自我认知的盲区和接受反馈的技能进行总结。

三、实训步骤

1.练习在4~6人组成的小组内进行，每个人都准备好笔和几张纸。每个人在纸的上端，分别写出组内一个其他成员的名字和他自己的名字。每个人在纸上写出关于这个人的5种品质，或5种工作习惯、特点，或5个长处、弱点。以上各项都是他对组内每一个成员（包括他自己）的感性认识。

2.将纸交给组内每一个相关的成员。每个成员轮流朗声读出别人对自己的感性认识（如有不明之处可以请求解释），和自己对自己的感性认识。

3.小组讨论。为什么你对自己的认识和别人对你的认识有差异？导致这些差异产生的原因是什么？如何认识自己和认识别人？

实训二　管理者领导风格测试和练习

一、实训目的

有效的管理者善于调整自己的领导风格，使之顺应员工和具体情况的需要。本项目的目的，在于通过这个练习，帮助学生识别各种领导风格的一些明显特点。通过对广为人知的领导风格的评判，识别每位领导风格的典型特征，再结合自身的情况，确定每个人自己的领导风格。

二、实训要求

1.教师首先要把各位备选领导者的主要情况、领导风格特点及主要的业绩向学生进行简单介绍，学生也要预先了解各位领导者的具体情况。

2.小组训练的时间控制在30～40分钟，讨论的时间控制在20分钟，然后请每个小组推举一位成员把本小组的训练情况和讨论结果向大家进行通报。

3.教师根据学生选得最多的两、三个领导者，针对其典型的领导风格和特征进行评价，并总结不同领导风格对沟通能力的影响。

三、实训步骤

1.首先准备一些深受众人瞩目的历史人物或领袖人物的画像，比如刘邦、刘备、诸葛亮、曹操等，也可以选择不同行业内学生比较熟悉的领导者，如杰克·韦尔奇、比尔·盖茨、马云等。

2.学生4～6人分成一组，每组对谁是最有效的沟通者、最有才能的谈判者、最有效的问题解决者、最信任的领导者、最会对工作进行积极评价、最适合做你上级的人进行选择和评价。

3.小组讨论

结合这些领导者所处的政治、社会、军事、经济和科技环境，阐述他们成功的理由。哪位领导者善于处理他自己面对的管理问题？你想成为什么样的领导者？什么样的障碍阻碍你成为你想成为的那个类型的领导者？

实训三　演讲能力综合训练

一、实训目的

演讲能力是需要有针对性的训练才能得以提高的。本项目通过六种演讲的训练方法，提高训练者的表达能力、训练音调控制能力、临场应变能力、控制说话时间能力、运用大纲演讲能力、即兴演讲能力等。

二、实训要求

1.本项目分为两次进行，第一次两个课时的单元时间，教师先把学生分成4个人一组，选择4～5项单元内容进行训练，训练以集体方式进行，组内成员逐一进行训练，每位成员训练后，同组的其他成员帮助其分析存在和需要改进的问题，每个单元控制在15～20分钟的时间。

2.教师作为观察者，参加不同小组的单元训练，帮助小组成员分析存在的问题，并进行现场指导。最后留下15分钟左右的时间进行总结和点评，并布置第二次两个课时训练的内容，每个组选派2个代表进行3～5分钟的备稿演讲。

3.第二次两个课时进行备稿演讲的训练，教师对每位参加训练学生的演讲进行简短点评，并进行成绩评定。

三、实训步骤

1.朗读短文——训练音调的抑扬顿挫，找几篇经典的短文来进行训练。

2.模仿"著名演讲"训练——学习著名演说家的发音、言辞特点。例如马丁·路德·金的演说"I have a dream"。

3.看图说话——训练控制说话时间。

选择几张图片，加以排列组合，编成连贯的故事，限时2~5分钟，当众看图说话。每张平均分配时间，不要太长或太短，以加强时间感的训练。

4.介绍训练——训练运用大纲演讲

选择一本书、一种产品或一个人、一个地方，仔细研究对象的特色，列出重点，写成大纲，按照先后介绍，不必句句写出，可加强言之有物的实力。

5.角色扮演——训练临场应变的机智

每一张纸片上写明"身份""对象""内容"三项，如："校长对全校师生开学典礼致辞""店员对顾客介绍商品"等，上台演讲3分钟前抽出纸片开始准备，按纸片上规定的角色进行扮演，以加强适应不同的演讲情境。

6.讲述故事——训练演讲的流畅与精彩

选择自己听过或看过的精彩有趣的故事，研究演讲情节安排及加深听众印象的重点，运用流利、完整的表达方式，当众进行演讲，以提升吸引人的技巧。

7.即兴演讲——训练短时间内整理意见、表达看法

事先制作各种演讲题目，题材可以广泛，可以用单字如"灯""雨"；两个字如"时光""偶像"，或是成语如"勤能补拙""春风化雨"，也可以用专门性的、新闻性的词汇作为选材，制定"演说4分钟，上台前4分钟准备"的规则，以提高自己实时表达看法的演讲能力。

8.训练总结

通过各种形式的演讲训练，分析自身在演讲技能方面存在的问题和不足，并重点对存在的问题进行训练。

实训四　招聘面试训练

一、实训目的

优秀的管理人员通过灵活的面试技巧，找到有能力的、具有合作精神的员工。在倾听应聘者的回答时，他们会留意面试者言语中流露出来的言外之意。他们尤其注意面试者非语言的信息。本项目的目的在于帮助学生练习倾听技巧，并在锻炼学生判断能力的同时，帮助他们发现自己在面试方面存在的问题。

二、实训要求

1.每个小组的主题可以通过抽签决定，以免有些主题选择的组太多，有些主题没有组选择。

2.第一个课时的主要内容是确定问题。小组根据主题确定问题的时间为15分钟，然

后每个组把确定的 2～3 个问题交给教师，并推举一位成员陈述为何确定这样的问题，每个问题的作用体现在什么地方，能起到什么效果，能揭示求职者什么样的性格特征。

3.第二个课时的训练由四个志愿者进行招聘面试的模拟，教师指导面试主持人确定问题，如何提问。等求职扮演者回答问题结束以后，教师对每位求职者的回答进行点评，最后由全部所有人确定谁是入选者，并给予适当奖励。

三、实训步骤

1.把学生按 4～6 人分组，每组分配一个主题，每一个组根据分配的主题提出 3～5 个面试问题。主题有：任务（比如当需要做出决定又没有上级的指导时，该怎么做？），关系（比如你与哪种人不能很好相处？），情商（比如当你的同事不同意你的想法时，你做何反应？），价值和态度（你为人处世的最佳原则总是诚实吗？）给每个小组 10～15 分钟的时间，让他们群策群力去设想在面试过程中遇到的问题，并挑选两个最难回答的问题。

2.请 4 个志愿者，1 人扮演面试主持人，3 人扮演求职者，3 个求职者各发一张事先准备好的角色描述卡片，请面试主持人提问，3 个求职者回答问题，最后请全班所有人根据回答情况选择招聘哪个人。

3.小组讨论。在揭示求职者能力方面，哪些问题最有效？在暴露求职者弱点方面，哪些问题最有效？你们小组最喜欢的问题在这个过程中起什么作用？